FIT FOR BUSINESS

W0471071

In der gleichen Reihe erschienen:

Die Kunst, durch Sprache zu führen
ISBN 3-8029-4552-2

Gelassenheit siegt!
ISBN 3-8029-4525-5

Kontakte knüpfen und beruflich nutzen
ISBN 3-8029-4549-2

Sicher und überzeugend präsentieren
ISBN 3-8029-4540-9

Zaubern mit Worten
ISBN 3-8029-4577-8

Exzellent streiten
ISBN 3-8029-4576-X

Showtime: Präsentieren und motivieren mit dem Laptop
ISBN 3-8029-4560-3

Geschickt fragen
ISBN 3-8029-4559-X

Reden professionell vorbereiten
ISBN 3-8029-4535-2

Zum Autor:
Peter Ebeling, BDTV, gehört zu den führenden Rhetorik- und Verkaufs-Trainern in Deutschland, in der Schweiz und in Österreich; anerkannter Fachautor.

Ebenfalls bei Fit for Business/Walhalla Fachverlag
„Mehr leisten mit mehr Spaß" ISBN 3-8029-4561-1

Wir freuen uns über Ihr Interesse an diesem Buch. Gerne stellen wir Ihnen kostenlos zusätzliche Informationen zu diesem Programmsegment zur Verfügung. Bitte sprechen Sie uns an:

E-Mail: walhalla@walhalla.de
http://www.walhalla.de

Peter Ebeling

Reden ohne Lampenfieber

- Redekunst verbessern
- Konzentrationsfähigkeit steigern
- Mit Praxis-Checklisten

FIT FOR BUSINESS

Die Deutsche Bibliothek - CIP-Einheitsaufnahme

Ebeling, Peter:
Reden ohne Lampenfieber : Redekunst verbessern ; Konzentrationsfähigkeit steigern ; mit Praxis-Checklisten / Peter Ebeling .– 2. Aufl. - Regensburg ; Düsseldorf ; Berlin : Fit for Business, 2000
(Fit for business; 522)
ISBN 3-8029-4522-0

Zitiervorschlag:
Peter Ebeling, Reden ohne Lampenfieber
Regensburg, Düsseldorf, Berlin 2000

2. Auflage

© Fit for Business, Regensburg/Düsseldorf/Berlin
Alle Rechte, insbesondere das Recht zur Vervielfältigung und Verbreitung sowie der Übersetzung, vorbehalten. Kein Teil des Werkes darf in irgendeiner Form (durch Fotokopie, Datenübertragung oder ein anderes Verfahren) ohne schriftliche Genehmigung des Verlages reproduziert oder unter Verwendung elektronischer Systeme gespeichert, verarbeitet, vervielfältigt oder verbreitet werden.
Produktion: Walhalla Fachverlag, 93042 Regensburg
Umschlaggestaltung: Gruber & König, Augsburg
Druck und Bindung: Westermann Druck Zwickau GmbH
Printed in Germany
ISBN 3-8029-4522-0

Nutzen Sie das Inhaltsmenü:
Die Schnellübersicht führt Sie zu Ihrem Thema.
Die Kapitelüberschriften führen Sie zur Lösung.

Schnellübersicht

Schnellübersicht

Übung macht den Meister!

„Reden ohne Lampenfieber" gehört zu den Standardwerken für Redetraining. In den letzten 20 Jahren wurde dieses Buch 13-mal neu aufgelegt. Es wird für das Selbsttraining, die berufliche Weiterbildung, bei Seminaren und Tagungen sowie auch von Rhetorik-Trainern nach wie vor gerne benutzt. Mit der nun vorliegenden völlig neu bearbeiteten 14. Auflage möchten wir Sie dabei unterstützen, in vielen Lebenssituationen selbstsicherer und stressfreier aufzutreten.

Gute Reden überzeugen und zahlen sich im Berufsleben immer durch optimales Beraten, Verkaufen, Vortragen und Präsentieren aus. Motto dieses Buches ist: „Reden lernt man erst durch Reden ... Übung macht den Meister." Dieses Buch enthält allgemeine Tipps und Hinweise aus der Praxis für die Praxis und zeigt Hauptgründe für Lampenfieber auf. Es erläutert allgemeine Wege zum Rede-Erfolg und gibt nützliche Tipps, wie Sie sich optimal vorbereiten und an ein Thema herangehen können; auch die häufigsten Fehler, die man als Sprecher und Redner machen kann, werden aufgezeigt.

Des Weiteren finden Sie ein umfassendes Rede- und Rhetorik-Training sowie zahlreiche Praxis-Checklisten.

Wir möchten Ihnen folgendes mit auf den Weg geben:

- Reden lernt man durch Reden.
- Gute Rhetorik ist gute Vorbereitung.
- Beginnen Sie heute, Vorträge für morgen auszuarbeiten.
- Machen Sie mehr aus Ihrem Leben – Mut zum Erfolg.
- Haben Sie Mut, Menschen durch die Methodik „weniger reden, mehr fragen" anzusprechen.
- Haben Sie Mut zur eigenen Identität.

- Haben Sie Mut, sich bei Besprechungen frühzeitig zu melden.
- Legen Sie sich eine Ideen-Kartei an.
- Die meisten Menschen können reden und wissen es nicht.
- Besuchen Sie ein Rhetorik-Seminar – es lohnt sich.

Machen Sie Reden, Sprechen, Vortragen und Präsentieren zu Ihrem Hobby und Sie werden eine neue Welt entdecken!

Liebe Leserinnen, bitte fühlen Sie sich auch dann von den Ausführungen dieses Buches angesprochen, wenn Begriffe aus technischen Gründen überwiegend in der männlichen Form gewählt werden.

Ich darf mich auf diesem Wege recht herzlich bei Frau Christine M. Huber (Lektorat) für ihre wertvollen Anregungen sowie bei Frau Sabine Jähn (Schreibbüro Jähn, Bad Wörishofen) für ihre aktive Mitarbeit und Erfassung des Manuskriptes bedanken.

In diesem Sinne alles Gute für Sie!

Peter Ebeling

BDVT, Fach-Profitrainer für Rhetorik und Verkauf
Postfach 12 13
86815 Bad Wörishofen/Allgäu
Telefax: (0 82 47) 9 04 72
Peter Ebeling Methode ®

Warum Sie Ihre Redekunst besser nutzen sollten

1

Die Sprache als Kommunikationsmittel

Die besten Ideen „verkaufen" sich nicht von selbst. Mitarbeiter wünschen klare Zielsetzungen und Anweisungen zu erhalten. Wenn dies nicht der Fall ist, braucht man sich gar nicht zu wundern, wenn vieles schief läuft und große Abweichungen von den Soll-Zahlen festzustellen sind.

In der heutigen Zeit verlernen die Menschen mehr und mehr, miteinander zu sprechen – vielleicht sitzen sie zu viel vor dem Fernseher. Die Redekunst aber bedarf eines ständigen Trainings.

Erfolgreiche Frauen und Männer waren immer gute Rhetoriker

Es gibt genug Beispiele aus Wirtschaft und Politik in früherer sowie auch in der heutigen Zeit. Diese Frauen und Männer verstanden und verstehen es, ihre Botschaft klar, präzise und prägnant an den Mann zu bringen. Ihre Ideen und Thesen wiederholen sie mit sachlicher Präzision.

Auch im täglichen Leben sind meist diejenigen in Spitzenpositionen, die gut reden können. Ohne Zweifel gibt es viele Fähigkeiten, die einem den Weg nach oben ebnen, allerdings nur wenige, die den Weg so verkürzen, wie die Rhetorik es tut.

Praxis-Tipp:

- Viele erfolgreiche Menschen sind entdeckt worden, nachdem sie ihren Mund aufgemacht haben. Vereine, Institute, Firmen und andere Institutionen suchen alle den vorwärts strebenden Menschen. Übernehmen Sie ruhig einen Posten im Vorstand, im Präsidium oder im Verein.
- Nur durch Übung, Arbeit und Sich-Durchschlagen wächst man von Tag zu Tag.
- Zum Reden wird man nicht geboren, man muss es erlernen. Haben Sie mehr Mut, sich bei Besprechungen im Beruf zu melden.

Hemmungen abbauen

Ich habe in meinem Leben in vielen Städten gewohnt. Weil Menschen mich interessieren, habe ich auch vielen verschiedenen Vereinigungen in den Bereichen Erwachsenen-Bildung, Marketing, Verkauf sowie karitativen Vereinigungen angehört. Mein Interesse für Menschen und das Reden hat anderen und auch mir sehr oft dazu verholfen, neue Freunde, Möglichkeiten und Interessen zu schaffen.

Wichtig: Hemmen Sie Ihre Kinder nicht. Ermutigen Sie sie, darin fortzuschreiten, Kontakte zu schaffen durch das Erlernen der freien Rede.

Es ist heute unbedingt erforderlich, die Redetechnik zu erlernen und zu beherrschen, denn geübte und gelernte Redner reden dadurch nicht mehr, sondern gezielter.

Konzentrationsfähigkeit steigern

Ohne Zweifel ist das freie Reden eine hervorragende Übung. Die Engländer nennen es „to think on one's feet" – im Stehen denken lernen.

Das Reden vor einem Publikum bedarf einer hohen Konzentration und stellt eine sehr starke physische Leistung dar. Man muss immer bemüht sein, einen roten Faden zu haben. Das erfordert eine sehr hohe Konzentration, Schlagfertigkeit und Ideenentwicklung bei den Ausführungen.

Wichtig: Üben Sie zu Hause Stegreifreden.

Das freie Reden zwingt zur inneren Ordnung und Systematik

Menschen, die viel reden müssen, lernen schnell, die „Spreu vom Weizen" zu unterscheiden. In der ersten Phase, der Materialsammlungsphase, werden Fundgruben und Quellen erforscht. Die Kunst eines guten Redners liegt später nicht darin, was er bringt, sondern was er weglässt. Die Ausarbeitung einer Rede zwingt zur

- Klassifizierung
- Systematisierung
- Schaffung von Ordnung auf dem Weg zum Schluss-Appell

Achtung: Menschen, die Reden für sich oder auch für andere entwickeln können, sind sehr gesucht.

Mehr Erfolg im Beruf

Wir müssen lernen, das frei heraus zu sagen, was wir für wichtig und wahrhaftig halten. Oder haben wir Angst, die Wahrheit zu verkünden? Heute werden Menschen gesucht, die bereit sind, ihre Meinung klug zu äußern und auch zu ihr zu stehen.

Nehmen Sie sich künftig vor, bei Konferenzen und Besprechungen auch Ihre Meinung kundzutun. Lassen Sie sich nicht über „den Schnabel fahren". Viele hervorragende und intelligente Menschen haben Angst, ihr Wissen kundzutun.

Praxis-Tipp:

Melden Sie sich immer so früh wie möglich in einer Besprechung oder Konferenz, um somit für sich selbst das „Eis zu brechen". Sie werden feststellen, dass es gar nicht so schwer ist.

Neue Ideen werden mittels Sprache „verkauft"

Elmer Wheeler, ein amerikanischer Verkaufstrainer, sagt, dass man einen Menschen die Botschaft beim Training sechsmal wiederholen lassen muss, bevor er sie versteht, akzeptiert und sein Verhalten ändert. Ist es nicht auch in anderen Bereichen ähnlich? Neue Ideen müssen präsentiert werden. Visuelle Hilfsmittel wie

- Tafeln
- farbige Folien
- akustische Mittel
- Tageslichtprojektor
- Meta-Plan-Aufsteller
- Tonbild-Schauen

werden heute eingesetzt, um einen optimalen Erfolg zu gewährleisten. Es wird auch immer schwieriger, sich durchzusetzen. Ursache sind die vielen existierenden Alternativen und die erhöhten Impulse, denen heute jeder moderne Mensch ausgesetzt ist.

Überzeugungskraft gewinnen

Die üblichen Aufgaben einer Führungskraft sind Organisieren, Delegieren und Kontrollieren.

Diese Aufgaben können aber nur optimal durchgeführt werden, wenn man die Kunst der Redetechnik sowie die Techniken der Überzeugung beherrscht.

Es lohnt sich, Rhetorik-Seminare zu besuchen, um dieses Ziel zu erreichen. Erfolgreiches Reden steigert außerdem die Begeisterungsfähigkeit und bringt Spaß und Freude. Wenige Erlebnisse im Leben lassen den Menschen eine derartige Freude spüren wie der erste gelungene Vortrag. Es ist ein herrliches Gefühl, in die Augen eines begeisterten Publikums zu sehen.

Wir ersehen hieraus, wie wichtig die Beherrschung der Kunst der Rede bei der Menschenbeeinflussung ist; welch wichtiges Instrument für jeden, der vorwärts kommen möchte!

Achtung: Im Grunde werden wir alle manipuliert. Haben Sie nicht auch schon etwas gekauft, was Sie eigentlich gar nicht wollten? Kämpfen wir nicht tagtäglich darum, unsere Ideen durchzusetzen? Ständig führen wir Diskussions-Dialoge. Der Verkäufer mit dem Einkäufer, der Mann mit seiner Familie, der Chef mit den Mitarbeitern, das Fernsehen mit seinen Zuschauern, die Zeitung mit ihren Lesern.

Überall und ständig sind wir der Beeinflussungskraft unterworfen. Werbestrategen versuchen, in uns neue Bedürfnisse wachzurufen.

Mehr Motivation und Engagement

„Das habe ich Ihnen doch gesagt? Haben Sie mich nicht verstanden?" ... Die Kunst liegt nicht im Überreden, sondern in der Überzeugung. Befehle geben ist gut, Überzeugen ist besser.

Durch Techniken der Redekunst lernen Sie Folgendes:

- Andere Menschen für Ihre Ideen und Vorstellungen zu gewinnen.
- Die Macht der Überzeugung ist die Voraussetzung für Aktivität.
- Nur der überzeugte Mensch und Mitarbeiter wird sich total einsetzen.
- Wir wollen nicht den verplanten Menschen, sondern den begeisterten Menschen gewinnen.
- Hinter dem Gesagten muss die Glaubwürdigkeit stehen.
- Vertrauen wird immer die Basis der Menschenführung sein.

Missverständnisse und Fehler verringern

Die Vermittlung von Inhalten über mehrere Personen beweist immer, dass Fehlinterpretationen und Missdeutungen beim letzten Empfänger ankommen. Dies müssen Sie wissen und deshalb sollten Sie sich viel mehr Mühe geben, damit Sie klare, präzise Aussagen machen.

Wie Sie Ihr Lampenfieber positiv einsetzen

2

Auch Stars und Promis leiden darunter

Die Erfahrung zeigt, dass 95 % aller Menschen unter Lampenfieber leiden: auch die „Erfolgreichen" haben Lampenfieber. Eigentlich kann man sich dies bei Stars und Prominenten kaum vorstellen. Doch auch sie haben ein schnell schlagendes Herz, wenn sie vor einem Publikum stehen müssen. Selbstverständlich gibt es Ausnahmen, aber die meisten Stars haben einmütig bekannt, dass sie unter Lampenfieber leiden. Einige bekannte Schauspieler haben ihre Gefühle in Interviews in Presse und Fernsehen ehrlich bekannt.

- Udo Jürgens: „Ich habe schon so großes Lampenfieber gehabt, dass ich dachte, es zerreißt mich. Wenn man die vielen Augen auf sich gerichtet weiß und der Öffentlichkeit wirklich ausgeliefert ist, dann braucht man schon Nerven aus Stahl, um das ohne innere Bewegung durchzuhalten."
- Catherine Valente: „Lampenfieber ist einfach ein Teil des künstlerischen Erlebnisses. Man sollte es sich nicht abgewöhnen."
- Sammy Davis: „Ein Auftritt ohne Lampenfieber ist wie eine Liebe ohne Gefühl."
- Hildegard Knef: „Ich habe kein Lampenfieber, ich erlebe nur eine ungeheuere Spannung vor meinem Auftritt. Dabei ziehe ich mich ganz in mich zurück. Diese Einsamkeit brauche ich, um auf die Bühne zu gehen. Lampenfieber hingegen ist etwas ganz anderes. Dabei verausgabt man seine Nerven. Ich hingegen konzentriere mich, ich empfinde das im Gegensatz zum Lampenfieber nicht als unangenehm."
- Charles Aznavour: „Lampenfieber ist gewiss eine Schwäche und hebt nicht gerade die Leistung. Aber

Schwächen hat jeder, und irgendwie muss man sehen, dass man das Beste daraus macht."

- Marianne Faithful: „Ich habe in jeder Lebenslage Lampenfieber."

Sie sehen, Lampenfieber zu besitzen und Erwartungsangst zu haben, scheint sogar notwendig zu sein, um den Erfolg auf der Bühne, im Fernsehen, beim Vortrag, bei Besprechungen und beim Beraten und Verkauf zu erringen.

Wie Sie Ihre Ängste überwinden

Angst, sich zu blamieren

Es ist schade, wenn Menschen ihre Fähigkeiten unter den Scheffel stellen. Die Angst, sich zu blamieren, sei es in einer Konferenz oder einer Besprechung vor einem größeren Publikum, verhindert den Erfolg vieler sehr engagierter Menschen.

Ein Rhetorik-Kurs könnte ihnen über diese Klippe hinweghelfen. Sie müssen die Angst vor der Angst verlieren! William James, ein amerikanischer Psychologe, sagt: „Tue das, wovor du dich fürchtest, und die Furcht stirbt einen sicheren Tod."

In meinen Rhetorik-Seminaren und in Seminaren von Kollegen führen wir verschiedene Übungen durch, die dem Teilnehmer helfen, die Angst vor der Blamage zu überwinden. Wer es gelernt hat, sich vor anderen auch einmal ein klein wenig zu blamieren, wird von Tag zu Tag stärker.

Bedenken Sie: Übung macht den Meister!

Die Angst, stecken zu bleiben

Der ungeübte Redner besitzt eine panische Angst davor, dass er vor einem Publikum während seines Vortrages stecken bleibt. Er stellt sich dieses Steckenbleiben unerträglich vor. Er träumt sogar von so einem negativen Erlebnis. In diesem Zusammenhang möchte ich kurz folgende Begebenheit erzählen:

Meine Frau und ich mussten in Elmshorn anlässlich eines Seminars für Erwachsenen-Bildung vor etwa 100 Teilnehmern zwei Reden halten. Wir haben diese Reden zu Hause sehr gründlich vorbereitet. Allerdings sagte meine Frau zu mir, dass sie befürchtete, bei einer gewissen Stelle stecken zu bleiben. Und tatsächlich, an dem Abend blieb meine Frau genau an dieser Stelle stecken. Zwar nur Sekunden, dann fing sie sich sofort wieder. Die Zuhörer hatten es gar nicht bemerkt. Wir sehen, dass die positive Beeinflussung, Selbstsicherheit und Zureden notwendig sind, um erfolgreich sprechen zu können. Geübte Redner bedienen sich verschiedener Hilfsmittel, falls sie einmal stecken bleiben.

Was tun, wenn Sie stecken bleiben?

- Sie wiederholen kurz das vorher Gesagte.
- Sie stellen dem Publikum eine Frage.
- Sie weisen darauf hin, dass sie irgend etwas zeigen wollen, ein Plakat, ein Diagramm etc.
- Sie gehen zur Tafel und schreiben kurz etwas auf.

Die Angst vor höher gestellten Personen

„Wenn wir so unter uns sind, kann ich gut sprechen, aber sobald der Chef da ist, habe ich große Hemmungen." – Geht es Ihnen auch so?

Diese Aussage wird von sehr vielen Seminar-Teilnehmern gemacht. Sie haben Angst davor, negativ aufzufallen. Sie meinen, dass ihnen eine minderwertige Darstellung negativ angekreidet wird und befürchten, dass sie durch eine derartige negative Beurteilung zu leiden haben. Wer klar und genau durchdenkt, was er sagen will, und seinen Dialog und seine Argumente gründlich fundiert, kann sich sogar in solch einer Situation ins Positive rücken.

Wer sich im Reden übt, wird es mit der Zeit leichter haben, diesem Problem zu begegnen. Man sollte sich immer vor Augen halten, dass höher gestellte Personen auch nur Menschen sind und oft viel Verständnis für die ungewöhnliche Situation haben.

Die Angst, das Thema nicht zu beherrschen

Eine sehr wichtige Regel ist: Sagen Sie niemals zu, eine Rede über ein Thema zu halten, von dem Sie wenig oder gar keine Ahnung haben.

Sie manövrieren sich in eine sehr unglückliche Situation, die nur zum Misserfolg führen kann. Auch wenn Sie kurzfristig Informationen zu diesem Thema sammeln, ist die Gefahr eines Misslingens doch recht groß, weil die innere Überzeugung und die Sachkenntnis fehlen.

Praxis-Tipp:

Sagen Sie in solchen Fällen kategorisch Nein! Wenn es unbedingt sein muss, erbitten Sie sich eine genügende Vorbereitungszeit. Um eine Botschaft überzeugend zu übermitteln, müssen Sie sich selbstverständlich gut vorbereiten. Ausreichend Zeit für eine gute Vorbereitung ist das „A und O". Unterschätzen Sie deshalb nie die Zeit, die Sie benötigen.

Die Angst, Fehler zu machen

Angst ist menschlich und verständlich. Die Angst bewahrt uns vor mancher Fehlentscheidung. Allerdings sollten Sie lernen, auf Ihr Können und Ihre Fähigkeiten zu vertrauen. Positives Denken und Handeln führt dazu, dass man sein Leben erfolgreicher und glücklicher gestaltet.

Die Angst vor einer ungewöhnlichen Situation

Tausend Augen starren einen an. Die Knie zittern. Die Hände sind schweißnass. Mund und Lippen sind trocken und eine panische Angst bemächtigt sich unser. Allein, verlassen und ausgeliefert steht man vor kritischen Zuhörern. – Wer kennt nicht diese Situation als junger Redner vor seinem ersten Publikum?

Praxis-Tipp:

Lampenfieber wird man nie hundertprozentig abbauen können und darf es auch nicht, denn dieses Gefühl gibt einem die notwendige Spannkraft, seine Ideen erfolgreich vorzubringen. Nur Übung und nochmals Übung kann den Menschen freier machen.

Die Angst vor Kritik

Josef Kirschner sagt in seinem Buch: „Manipulieren – aber richtig": „Wer nicht auf sich aufmerksam macht, darf nicht erwarten, dass man ihn anhört. Wer die Angst vor dem Auffallen nicht bewältigt und das Risiko nicht auf sich nehmen will, etwas vergeblich oder etwas Falsches zu tun, nimmt die Chance nicht wahr, sich durchzusetzen."

Praxis-Tipp:

Der erste Schritt, sich durchzusetzen, ist deshalb, Eigeninitiative zu entwickeln und auf sich aufmerksam zu machen.

Es gibt folgende sechs besonders wirkungsvolle Methoden, auf sich aufmerksam zu machen:

- Das Gegenteil von dem zu tun, was erwartet wird
- Die gezielte Schmeichlerei
- Die gezielte Provokation
- Das überlegene Wissen
- Die Umwegmethode
- Die Stehaufmännchen-Methode

Echte, positive Kritik ist doch oft sehr notwendig, um wieder auf den rechten Kurs zu kommen. Deshalb sollten Sie offene, ehrliche Kritik akzeptieren – im Feed-Back-Prozess.

Die Angst, auf Missverständnisse zu stoßen

Haben Sie keine Angst, auf Missverständnis zu stoßen – akzeptieren Sie es! Das Leben lehrt uns, dass wir nie hundertprozentig akzeptiert werden. In irgendeiner Form wird man immer bei einigen Menschen auf Missverständnis stoßen, weil doch alles relativ anzusehen ist.

Praxis-Tipp:

Gewinnen Sie an Selbstvertrauen und postulieren Sie das, was Sie für richtig und wahrhaftig halten. Vertreten Sie Ihre Meinung und erwarten Sie schon von vorneherein nicht nur positive Anerkennung, sondern auch Kritiker und Zweifler oder Opponenten, die aus verschiedenartigen Gründen gegen Ihre Meinung sind. Lesen Sie nur einmal zum Vergleich die Zuschauerkritiken zu den einzelnen Fernsehsendungen: von den einen gelobt, von den anderen völlig zerrissen.

Die Angst, sich schlecht auszudrücken

Oh, wie schade, dass viele ihre Fähigkeiten hinter der Angst vor ihrem Dialekt verstecken. „Wenn ich nur nicht mit Dialekt sprechen würde!" Wie oft habe ich diese Bemerkung in meinen Seminaren von durchaus engagierten Teilnehmern gehört. Sie wissen leider nicht, dass ein Dialekt in manchen Fällen sogar charmant und angenehm, ja wünschenswert ist. Ein Österreicher, in Deutschland lebend, sagte mir im Vertrauen, dass er wegen seines Dialektes Hemmungen im Geschäftsleben hätte. Bei einigen Konsultationen habe ich ihm versichert, dass sein Dialekt seine Stärke ist. Denn viele Deutsche verbinden mit Österreich sehr positive Urlaubserinnerungen. Dies muss er wissen und auch ausbauen, um somit die Kontakte zu vielen Kunden zu vertiefen.

Praxis-Tipp:

Es ist immer sehr wichtig, so zu sein, wie man wirklich ist. Es gibt Milliarden Menschen, aber keiner ist genau wie Sie. Sie sind einmalig in jeder Beziehung und seien Sie stolz, dass Sie so sind, und treten Sie dem Leben freudestrahlend und positiv entgegen. Sagen Sie das, was Sie ausdrücken wollen. Üben Sie das laute Vorlesen, und Ihre Kräfte und Ihre Selbstsicherheit werden von Tag zu Tag steigen.

Die Angst wegen mangelnder Flüssigkeit des Vortrags

Lesen Sie nie einen Vortrag vor, ohne ihn vorher geübt zu haben. Es kann dann nämlich passieren, dass Sie selbst sogar das von Ihnen vorgelesene Manuskript gar nicht verstanden und begriffen haben.

Die Angst vor Widerspruch

Sie wollen nicht ausgelacht werden, weil es Ihrem Image schadet. Sie haben Angst vor Widerspruch und befürchten, dass Sie nicht zur richtigen Zeit das richtige Argument parat haben. Sie haben immer Angst, versagen zu können.

Praxis-Tipp:

Kluge Dialektiker bauen suggestive Fehler oder Fragezeichen in ihren Vortrag ein, um provozierende Fragen „anzulocken“, für die sie dann allerdings die entsprechenden Antworten bereithalten. Dies könnten Sie doch ebenfalls!

Die Angst davor, eine Minderheitsmeinung zu vertreten

Durch die Diskussion und die Meinungsfreiheit sind neue Gedanken auf dem Weg der Besserung und Verbesserung entstanden. Ideen müssen allerdings durchdacht und sachlich vorgebracht werden. Langfristig gewinnt die Wahrheit!

Praxis-Tipp:

Haben Sie Mut, Ihre Meinung psychologisch-rhetorisch klug zu formulieren!

Die Angst, als Könner zu versagen

In Gesprächen mit Künstlern habe ich erfahren, dass sie ständig unter Stress stehen, da sie gerade durch ihre Berühmtheit und ihre früheren erfolgreichen Auftritte immer wieder verpflichtet sind, exzellent auftreten zu müssen. Diese Anspannung verursacht bei Künstlern Lampenfieber.

Praxis-Tipp:

Wer gut ist, muss leider immer gut sein! Wir müssen immer wieder unser Bestes geben!

Die Angst, nicht „anzukommen"

Man kann das Thema gut beherrschen, das Problem ist nur, dass man ja nicht weiß, wie man beim Publikum oder bei den Zuhörern ankommen wird. Etwas Lampenfieber ist auch bei guten Rednern ganz natürlich und wird sich niemals ganz beheben lassen. Allerdings gibt es einige Techniken, die man anwenden sollte, um es ein klein wenig zu lindern.

Checkliste: Lampenfieber abbauen

- Dafür sorgen, dass man genügend Vorbereitungszeit hat (eine Stunde Vortrag – 60 Stunden Vorbereitung – von der Idee bis zur Präsentation).
- Die Vorbereitung muss sorgfältig und gründlich sein. Sie müssen möglichst mehr wissen als das Publikum.
- Schauen Sie sich das Manuskript am Vorabend Ihres Vortrages nicht wieder an, sondern erholen Sie sich lieber.
- Trinken Sie vor Ihrem Auftritt nicht zu viel Alkohol, sonst werden die Vorträge zu lustig.
- „Rennen" Sie einmal „um den Block", bevor Sie sprechen.
- Versuchen Sie, als einer der ersten Redner sprechen zu können.
- Wenn Sie Ihr Thema beherrschen, versuchen Sie sich selbst abzulenken, indem Sie auf andere Gedanken kommen.

Der Weg zum Redeerfolg

3

„Wo ein Wille, da auch ein Weg …"

Der Beruf des Redners ist überaus vielseitig und erfordert die ganze Frau/den ganzen Mann. Er muss ein ganzes Bündel von Fähigkeiten und Kenntnissen besitzen oder erlernen. Diese Tatsache macht seinen Beruf interessant und schwierig zugleich. Aus der breiten Skala von Eignungs-Merkmalen gibt es jedoch einige prägnante Fähigkeiten, die dem Spitzenerfolg dienlich sind. Nach dem Studium vieler Bücher, durch die eigene Praxis und Beobachtung anderer Redner möchte ich diese Voraussetzungen wie folgt umschreiben: „Wenn es überhaupt eine magische Formel gibt, dann bedeutet sie harte Übung, Ausdauer und Erfolgswille. Der gute Redner ist ein Kämpfer, der sich immer wieder neu herausfordern lässt."

Verwenden Sie Humor im Gespräch und beim Vortrag

Der gute Redner wird sich bemühen, sich ein Rüstzeug von inneren Qualitäten, die seinem Wesen entsprechen, anzueignen. Eine Trumpfkarte in der Hand eines jeden Redners ist der gesunde Humor. Humor ist ein „Weichmacher" der Seele und Gefühle – ein Jalousien-Öffner und Kontakt-Instrumentarium von größter Wirkung.

Praxis-Tipp:

- Humor kann eine negative Situation völlig umkehren.
- Humor ist ein Entspannungsmoment: ein Regenbogen auf dem Gebiet der Menschengewinnung.
- Lächeln Sie und begegnen Sie Menschen fröhlich – deren Reaktion wird Ihnen die Richtigkeit dieser Einstellung beweisen.

Beispiel:

Ein Bekannter von mir, Herr Krentorz, der Markenartikel-Reisender in Süddeutschland war, erzählte mir folgende Geschichte: „Ich besuchte Montag morgens einen Einzelhandelskunden, der zu mir sagte: ‚Was wollen Sie, ich habe keine Zeit.' Ich erwiderte hierauf: ‚Ich war Sonntag nachmittag um 16.00 Uhr hier, konnte Sie aber nicht erreichen.'" – Der Kunde lachte. In diesem Beispiel wird die erste Phase der **AIDA**-Formel (**A**ufmerksamkeit, **I**nteresse, **D**emonstration, **A**bschluss) erfolgreich demonstriert. Erfolgreich reden bedeutet, sich vom stereotypen Schema zu lösen und differenzieren zu können – ganz besonders in der Eröffnungsphase. „Die ersten Wörter sind wichtiger als die nächsten 10.000", sagt der Amerikaner Elmar Wheeler.

Vorteile des Humors

- Humor ist an nichts gebunden. Spritzige Einlagen können überall und immer gleichsam als Gewürz und Lebenselixier in das Gespräch eingestreut werden
- Humor lässt magisch Funken überspringen und steckt andere positiv an. Er zählt zu den wichtigsten Erfolgshilfen
- Humor kann man erlernen, aber man muss sich ständig darin üben – auch im Privatleben.

Beispiel:

Viktor Borg, der bekannte Pianist und Komiker, entdeckte seinen Humor durch Zufall. Als er merkte, dass die Zuhörer über seine Einlagen lachten, ließ er künftig eine Stenotypistin hinter dem Vorhang die Lacher notieren und gebrauchte sie fortan systematisch. Natürlich muss das Wollen vorhanden sein, etwas für den Humor zu tun.

Praxis-Tipp:

Sammeln Sie Anekdoten aus dem täglichen Leben, von Kollegen, aus der Presse und vom Kabarett. Schon die Beschäftigung damit ist ein erster Schritt in Richtung Erfolg.

Gehen Sie vorsichtig mit Schlagfertigkeit um!

Als wichtiges Pendant in der Redner-Ausrüstung benötigen Sie Schlagfertigkeit – sie ist eine große Macht!

Beispiele:

Vor einigen Jahren saß ich in einem Gartenlokal am Schöneberger Strand in Berlin. Ein Kellner war dabei, die Aschenbecher zu säubern. Ein Mann wollte sich mit seiner Familie an einen Ecktisch setzen. Da sagte der Kellner: „Der Tisch ist besetzt." Daraufhin antwortete der Gast: „Schade für Sie!" und ging.

In England sagte ein Unterhausabgeordneter: „Die Hälfte der Anwesenden ist verrückt!" – Ein Mitglied protestierte und bat den Sprecher, seine Bemerkung zurückzuziehen. Daraufhin der Abgeordnete: „Entschuldigen Sie, die Hälfte der Anwesenden ist nicht verrückt."

Gute Redner überspringen viele Hürden spielerisch durch die Anwendung von Schlagfertigkeit. Der Kontrahent wird dadurch entwaffnet, und der Redner kann ungestört fortfahren.

Praxis-Tipp:

Die Menschen schätzen spontane, nicht verletzende Schlagfertigkeit. Auch sie kann erlernt werden und mancher Gag lässt sich mehrmals anwenden, weil sich viele Situationen in der täglichen Arbeit wiederholen.

Wer im Reden Erfolg haben will, muss hart üben. Er muss spielerisch verhandeln durch die Einbeziehung der magischen Wirkung von Humor und Schlagfertigkeit. Übrigens: Wer viel lacht, wird niemals Magengeschwüre bekommen. – Ich hoffe, dass dieser Rat bei Ihnen nicht zu spät kommt!

Ideen-Kartei: Sammeln Sie Material für künftige Reden

Wer reden will, muss auch etwas zu sagen haben! Die richtige Idee zur richtigen Zeit, vor dem richtigen Publikum, in der richtigen Art und Weise, sollte vor allem Ihr Kernsatz sein. Viele meiner Seminarteilnehmer haben eine Ideen-Kartei angefangen.

Beginnen Sie ganz einfach mit einem Schuhkarton und sammeln Sie:

- Zitate
- Kurzgeschichten

- Episoden
- zündende Ideen
- Beobachtungsschilderungen
- persönliche Erlebnisse

Sie werden entdecken, dass Sie in einigen Jahren eine Goldgrube an Informationen besitzen. Sie können sich für eine kleine Investition eine alphabetische Kartei kaufen. Die Winterzeit eignet sich ganz besonders gut für das Einordnen!

Praxis-Tipp:

Eine weitere und recht nützliche Idee ist die Verwendung einer Pinnwand. Meine Frau hat für mich hinter meiner Arbeitstür eine große Platte angebracht, und ich kann somit Zeitungsabschnitte, interessante Meldungen usw. mit kleinen farbigen Reißzwecken daran anbringen; sie sind mir dadurch stets als Erinnerung gegenwärtig.

Wer über eine derartige Ideen-Quelle verfügt, kann kurzfristig Referate entwickeln. Diese Ideen-Impulse führen oft zu neuen Ideen und wirken deshalb als Katalysatoren.

Achtung: Gute Redner sind auch gute Sammler.

Hören Sie sich gute Redner regelmäßig an

Auch durch kritisches und aktives Zuhören können Sie erste Redeerfahrungen sammeln:

- Besuchen Sie unermüdlich Versammlungen.
- Hören und sehen Sie sich gute Redner im Rundfunk und im Fernsehen an.

- Besuchen Sie Theater und hören Sie sich Predigten an.
- Schaffen Sie sich ein CD- oder Musikkassetten-Archiv mit guten Redeaufnahmen an.
- Notieren Sie sich gute Ideenbilder und Redewendungen.
- Nehmen Sie an Diskussionen teil.

Wer reden will, muss üben!

Es gibt keine Schnellbahnen zum Redeerfolg. Deshalb tun Sie gut daran, jede Gelegenheit zum Reden zu nützen. Sagen Sie immer zu, wenn ein Redner oder Sprecher gesucht wird. Sie werden sehen, dass sich für Sie neue Türen öffnen und Wege darbieten.

Gewisse Hemmungen und Lampenfieber werden Sie immer haben, aber die Erfahrungswerte früherer Reden, Zuhörer-Reaktion und Akzeptanz sind Hilfsmittel, die Ihnen die Gewähr geben, dass das Gesagte ankommt. Durch vieles Reden erhalten Sie immer mehr Feedback und Rückkoppelung.

Beispiel:

Bei den Blendax-Werken (Firma Procter & Gamble) war ich verantwortlich für das Training von 28 Referenten während einer Außendienst-Tagung mit über 400 Verkäufern und ihren Führungskräften. Die Referenten, meist ungeübte Redner, mussten ihre Referate bis zu sechsmal wiederholen. Ich konnte die Feststellung machen, dass sie sich alle erheblich in Bezug auf Selbstbewusstsein und Redekönnen steigern konnten. Hier haben wir den Beweis, dass Übung wirklich erst den Meister macht.

Praxis-Tipp:

Ergreifen Sie jede Gelegenheit, um Reden zu halten.

Üben Sie kleine Vorträge mit dem Tonband/Diktiergerät

Ein Tonband oder ein handliches Diktiergerät (Vorteil: überall mit hin zu nehmen) sind erschwingliche und nützliche Instrumente bei der Weiterbildung. Die Investition macht sich immer bezahlt. Sie können interessante Sendungen im Radio und Fernsehen aufnehmen oder auch Gespräche bei wichtigen Tagungen.

Vor allem können Sie aber Ihre Vorträge zu Hause aufnehmen und so an Ort und Stelle erkennen, wo schwache Punkte zu hören sind. Sie sind unersetzliche Hilfsmittel für jeden, der weiterkommen will. Auch heute noch haben erstaunlich viele Menschen ihre eigene Stimme noch nicht gehört.

Praxis-Tipp:

Reden kann man immer. Beginnen Sie, indem Sie kleine Kreise ansprechen. Erarbeiten Sie einige Kurzthemen und sprechen Sie Ihre Gedanken und Standpunkte aus. Bald werden Sie merken, dass Sie, wenn Sie ankommen, später gerne schon ein größeres Publikum ansprechen wollen. Viele Organisationen und Vereine sind auf der Suche nach guten Rednern.

Rede-Arten

- Vortrag
- Vorführungsrede
- humoristische Rede
- Einführungsrede
- Schlussrede
- Gespräch
- Belehrung
- Reportage
- Kondolenz
- Entscheidungsrede
- karitative Rede
- Betriebsrede
- Gründungsrede
- Interview-Gespräch
- Weihnachtsrede
- Demonstration
- Überzeugungsrede
- Gesellschaftsrede
- Verkaufsrede
- Vorstellungsrede
- Diskussionsrede
- Eröffnungsrede
- Werberede
- ästhetische Rede
- Clubrede
- Podiumsgespräch
- Geburtstagsrede
- Tonband-Rede
- Reklamations-Gespräch
- Produkt-Vorführung
- Innendienst-Tagung
- Außendienst-Tagung
- Video-Konferenz
- Metaplan-Konferenz
- Motivations-Tagung
- Produkt-Schulung
- Firmenbesuch-Rede
- Flip-Chart-Präsentation
- Round-Table-Konferenz
- Redner-Vorstellung
- Dankesrede
- Umsatzzahlen-Konferenz
- Nielsen-Präsentation

Formel für Stegreifreden

Verwenden Sie folgendes Arbeitsblatt folgendermaßen:

- Überall wo Sie keine Zeit für die Vorbereitung haben – bei Gesprächen, Verhandlungen, Statements, Besprechungen und Konferenzen.
- Überlegen Sie kurz:
  - Wie war es früher?
  - Wie sieht es heute aus?
  - Was bringt die Zukunft?
- Fotokopieren Sie folgende Vorlage und legen Sie immer mindestens ein Arbeitsblatt zu Ihren Unterlagen.

Formel für Stegreifreden

G Gestern

❶ .... ❒

❷ .... ❒

❸ .... ❒

H Heute

❶ .... ❒

❷ .... ❒

❸ .... ❒

M Morgen

❶ .... ❒

❷ .... ❒

❸ .... ❒

So strukturieren Sie Ihre Rede

Eröffnungsformel

Die Eröffnungsformel kann Ihnen eine sichere Hilfe sein, wenn Sie eine Veranstaltung eröffnen sollen. Sie muss zweckentsprechend benutzt werden.

- Anrede / Begrüßung
- Eröffnung
- Referent
- Thema
- Worterteilung

Begrüßungsformel

- Thema nennen
- Interesse wecken
- Sprecher vorstellen

Der sachliche Bericht

- Im Leben: Geschäftsberichte, Rechenschaftsberichte, Wirtschaftslage-Übersichten
- Zweck: vollständiges Unterrichten der Zuhörer über ein Gebiet oder Teilgebiet
- Sprache: sachliche Zwecksprache
- Material: Tatsachen (aufzählen, vergleichen, illustrieren)

- Aufbau: einfach, mit guter Übersicht
- Schluss: Zusammenfassung der Hauptpunkte, mögliche Folgerung angeben

Die ästhetische Rede

- Im Leben: Begrüßung, Eröffnung, Fest- und Tischreden
- Zweck: Heben der Stimmung, Bestärken in Freude und Genuss, Mitgefühl, Anteilnahme
- Sprache: gehoben, mit Gefühl, rein
- Material: Gedanken, Gefühle, Gemeinsames, Freude, Leid, Erlebtes, Ideale
- Aufbau: abgerundet, harmonisch, kunstvoll
- Schluss: harmonisch ausklingend, aufmunternd und tröstlich, mit vollem Akkord verrauschend

Die werbende Rede

- Im Leben: Wirtschaftliche und kulturelle Werbereden
- Zweck: Ausdruck einer Überzeugung, Änderung einer Anschauung – Appelle
- Sprache: Zwecksprache mit gehobener Stimme, Zitate, Gefühls-Appelle
- Material: Tatsachen als Beweisführungen, eigene Überzeugung, Sehnsüchte
- Aufbau: wirkungssteigernd, sorgfältige Fühlungnahme, Höhepunkt am Schluss
- Schluss: Höhepunkt, Suggestion, Gefühlsappell

Die Streit- oder Agitationsrede

- Im Leben: in Parlamenten, Gemeinden, Versammlungen, Propagandareden
- Zweck: Niederkämpfen des Gegners, Bewegung der Zuhörer zu einer sofortigen Handlung (Agitation!)
- Sprache: affektbetonte Zwecksprache, drastische und scharfe Bildworte und Vergleiche
- Material: Beweggründe, Beweise und Tatsachen, eigene starke Überzeugung, schwache Argumente des Gegners
- Aufbau: ganz auf letzte Wirkung berechnet
- Schluss: Höhepunkt mit suggestiver Aufforderung zu sofortiger Handlung (Willensappell)

Quelle: (Bruno Neckermann)

Fest- und Tischreden (ästhetisch)

- Anrede – Dank
- Anlass – Freude
- Ehrung
- Wünsche – Hoffnung
- Trinkspruch – Toast
- Dank – Appell

Offizielle Rede (werbend)

In logischer Kurzform

- Anrede
- Ausgangslage

- Bisherige Ansichten
- Meine Ansicht
- Meine Gründe
- Widerlegung
- Aufforderung

Ergänzung

- Vortreten
- Pause
- Zuhörer anschauen
- Konzentration
- Anrede / Pause
- Begrüßung
- Ausgangslage
- Wiederholung der bisherigen Ansichten
- Meine Ansicht
- Meine Gründe, Beweise
- Widerlegung, Warnung
- Aufforderung, Bitte, Dank

Verkaufsrede

- Was will ich erreichen?
- Wie muss ich darum argumentieren?
- Welche Einwände habe ich zu erwarten?
- Wie kann ich die Einwände widerlegen?

Standpunktformel

Wenn Sie im Verkaufsgespräch einen festen Standpunkt äußern wollen, kann Ihnen die Standpunktformel helfen, innerhalb von drei Minuten eine treffsichere Argumentation zu geben.

- Standpunkt
- Grund
- Beispiel
- Schlussfolgerung
- Aufforderung

Überzeugungsrede

- Problem schildern
- Möglichkeiten schildern
- Vorschläge und Beweise
- Appell

Die „Fünf-S-Formel"

- Substanz
- Sympathie
- Sprache
- Sprechstil
- Schlagfertigkeit

Methodik der römischen Rede

Sympathie

Der Redner bemüht sich beim Eingang seines Referates in erster Linie um die Sympathie seiner Zuhörer. Hierbei muss er sich verschiedener Techniken bedienen. Vordergründig wird immer sein persönlicher Stil sein.

Wie ist der Zustand?

Der Redner bemüht sich nun zu schildern, wie der jetzige Zustand in allen Einzelheiten ist.

Was soll sein?

Der Referent schildert in Wunschvorstellungsform, wohin die Zielsetzung geht. Er bedient sich verschiedener Techniken, wie beispielsweise das „Malen" von Wortbildern.

Warum ist das nicht so?

Hierbei versucht man dem Zuhörer zu zeigen, was ihm fehlt, woran es mangelt und warum er dafür kämpfen soll.

Was spricht dafür?

Die Gründe dafür werden in Plus-Minus-Form aufgeführt, und der Zuhörer wird motiviert, die Vorteile zu sehen.

Wie wird es dann sein?

Der Referent schildert die Vorteile, die zu erzielen sind, wie beispielsweise mehr Sicherheit etc.

Wiederholung

Kluge Rhetoriker haben schon frühzeitig die Macht der Wiederholung erkannt und angewandt. Gute Redner wiederholen mehrmals die Hauptpunkte ihrer Zielsetzung.

Handlungsantrieb

Hier wird der Zuhörer angetrieben, zu handeln. Er wird aufgerufen, die Situation zu ändern, die Situation zu beenden.

Was wollen wir tun?

Die notwendigen Schritte für die Vollendung werden aufgeführt.

Schlussformel

Wenn Sie eine Veranstaltung beschließen wollen, kann Ihnen die Schlussformel helfen, einen glücklichen Abschluss zu finden.

- Anrede
- Schluss
- Dank
- Ende

20-Stufen-Programm für Rede-Vorbereitung und Live-Auftritt

Heute werden wir mehr denn je aufgerufen, im Beruf ein Statement, eine Kurzrede oder eine Präsentation in- und außerbetrieblich zu halten. Viele tun sich dabei sehr schwer. Man meint immer wieder, dass man genügend Zeit für die Vorbereitung hat, jedoch wann beginnt man meistens? Erst einen oder zwei Tage vor dem Vortrag! Nun muss alles in großer Hektik vorbereitet werden. Oft kommen einem dabei nicht unmittelbar die richtigen Gedanken. „Denkt bei allem, was Ihr vorhabt, zuerst gründlich nach, geht ganz in dem Gedanken an Euer Vorhaben auf.... Lasst Euch genug Zeit, ehe Ihr Eure Pläne in die Tat umsetzt." (Paramahansa Yoganda)

Das folgende Programm zeigt Ihnen Schritt für Schritt den Weg zu Ihrem Redeerfolg.

20-Stufen-Programm für Rede-Vorbereitung und Live-Auftritt

	erledigt:
1. Thema durchdenken und Redeziel festlegen.	❒
2. Selbstmotivation und Erfolgsglaube.	❒
3. Alleinsein, Denken, Notieren und Stoffsammlung.	❒
4. Analysieren und Berücksichtigung der Zuhörerpsychologie und -wünsche.	❒
5. Ordnen und Systematisieren von Stoff und Ideen.	❒
6. Erstellen visueller Hilfsmittel.	❒
7. Durchdenken, Üben und Entspannen.	❒
8. Taktvoll und bescheiden auftreten.	❒
9. Zuhörer mit Humor entspannen oder mit Neugierde und Überraschung fesseln.	❒
10. Zuhören erleichtern durch sachliches Vorgehen und Begeisterung.	❒
11. Vorteile in den Vordergrund stellen.	❒
12. Ermutigen Sie Beteiligung durch rhetorische und direkte Fragen.	❒
13. Beachten Sie immer Vertrauen und Glaubwürdigkeit.	❒
14. Wecken Sie immer gezielte Wünsche oder Informations-nutzen.	❒
15. Nennen Sie Lösungsmöglichkeiten und Alternativen.	❒
16. Beachten und prüfen Sie Zuhörer-Reaktion und Akzeptanz.	❒
17. Gewinnen Sie und halten Sie Aufmerksamkeit aufrecht durch Stufenplan-Vorgehen.	❒
18. Auf dem Höhepunkt beenden Sie plötzlich und pünktlich.	❒
19. Dank und Verabschiedung.	❒
20. Analysieren Sie kritisch die Gewinn- und Verlustphasen Ihres Vortrages.	❒

Stufe 1: Thema durchdenken und Redeziel festlegen

Die schwierigsten Themen sind die, bei denen Sie nach freier Wahl entscheiden können. Meistens vergeht sehr viel Zeit, indem man überlegt, worüber man nun reden könnte oder soll. Es ist wichtig, rechtzeitig zu einer Entscheidung zu kommen. Nehmen Sie am besten Block und Bleistift zur Hand und schreiben Sie verschiedene Titel auf. Nun nehmen Sie sich genügend Zeit, die Möglichkeiten, über das eine oder andere Thema auch wirklich etwas sagen zu können, kritisch zu beurteilen.

Am besten eignen sich dazu selbstverständlich Themen aus dem Berufsleben, die man entweder gut beherrscht oder solche, die man selbst sogar erledigt hat.

Stufe 2: Selbstmotivation und Erfolgsglaube

Während der Vorbereitung kommen oft negative Gedanken auf: Beherrsche ich das Thema überhaupt? Was erwarten meine Zuhörer? Gibt es nicht ein amüsanteres Thema? Vielleicht blamiere ich mich? Kann ich die Zuhörer genügend fesseln? usw.

Lampenfieber kommt auf, Panik ergreift uns! – Es ist sehr wichtig, an sich selbst zu glauben. Nicht in der Ablehnung, sondern in der Bejahung liegt die Kraft. Ermutigen Sie sich selbst, z. B. mit den Worten: „Es ist richtig, dass ich zugesagt habe, diesen Vortrag zu halten. Übung macht den Meister. Ich bin auf dem richtigen Weg. Nur Mut, wer wagt, gewinnt."

Das Geheimnis eines guten Redners ist seine gute Vorbereitung und der Glaube an sich selbst. Je besser Sie sich motivieren und an Ihren Erfolg glauben, desto besser wir Ihr Vortrag gelingen.

Stufe 3: Alleinsein, Denken, Notieren und Stoffsammlung

Es ist ein Trugschluss zu glauben, dass man seinen Vortrag im Büro, so zwischen den anderen Arbeiten, ausarbeiten kann. Meistens ist der Alltag neben den üblichen Aktivitäten auch noch durch ständige Unterbrechungen belastet (Telefongespräche, Mitarbeiter- oder Kundenbesuche usw.).

Praxis-Tipp:

- Zu Hause, in einer ruhigen Stunde mit der Stoffsammlung beginnen; alles kurz auf kleine Kärtchen notieren, was Ihnen zum Thema einfällt: Ideen, Vorkommnisse, Erlebnisse, Gags, humorvolle Assoziationen, rhetorische Fragen an Ihre Zuhörer usw.
- Diese Aufzeichnungen können Sie später überarbeiten und als Grundlage für Ihren Vortrag verwenden.

Bei diesem Vorgehen werden Sie merken, dass Sie Ihren Vortrag in verhältnismäßig kurzer Zeit „im Rohbau" zu Papier bringen. Die Feinarbeiten kommen dann später an die Reihe.

Wichtig: Nutzen Sie die Redeformeln, wie Gestern – Heute – Morgen sowie die „W- Fragen" (wer, was, wann, wo, warum?), siehe Seiten 70 bis 73.

Stufe 4: Analysieren und Berücksichtigung der Zuhörerpsychologie und -wünsche

Die Erfahrung zeigt leider sehr oft, dass Redner nicht genügend Vorinformation über ihr Publikum sammeln. Sie sagen schnell zu, einen Vortrag zu halten, aber es fehlen ihnen Angaben über den Zuhörerkreis. Folgende Fragen sollten unbedingt vor dem Vortrag geklärt werden:

- Welche Erwartungen haben die Zuhörer?
- Welche ähnlichen Vorträge haben die Zuhörer evtl. schon gehört?
- Wie werde ich selbst angekündigt?
- Nach welchem Redner muss ich sprechen?
- Welche technischen Hilfsmittel stehen mir zur Verfügung?
- Wie ist das Durchschnittsalter der Zuhörer?

Stellen Sie sich nur einmal vor: Sie verwenden viel Zeit und Mühe darauf, einen ernsten, wissenschaftlich geprägten und geschliffenen Vortrag auszuarbeiten und finden dann einen Zuhörerkreis vor, bestehend aus jungen, lustigen, aus irgendwelchen Gründen auch immer animierten Menschen. Es erübrigt sich wohl, die Schwierigkeiten aufzuzeigen, sich Gehör und Aufmerksamkeit zu verschaffen.

Stufe 5: Ordnen und Systematisieren von Stoff und Ideen

Nun nehmen Sie Ihre Ideensammlung, Ihren „Rohbau", zur Hand. Nehmen Sie eine Feingliederung nach entsprechenden Titeln / Untertiteln vor und ordnen Sie den Stoff entsprechend ein, z. B. nach

- Einleitung
- Hauptteil
- Schluss

Bewährt hat sich dabei, den gesamten Text zunächst nur stichwortartig zu verarbeiten. Bei der Erstellung eines jeden Manuskriptes ist es wichtig, so zu schreiben, dass noch genügend Platz für Ergänzungen, Einschübe und für Änderungen vorhanden ist. Schreiben Sie groß und verwenden Sie kurze Sätze.

Stufe 6: Erstellen visueller Hilfsmittel

„Das Wort ist flüchtig!" Viel zu schnell wird manchmal rein Verbales wieder vergessen. Eine Kommunikationsformel besagt:

Aufnahmepotenzial: Auge = 87 %; Ohr = 9 %; Riechen, Schmecken, Tasten = 4 %

Somit sehen Sie, dass das Ansprechen des Auges dem des Ohres weit überlegen ist. Diese Tatsache müssen Sie nutzen. Verwenden Sie zur Unterstützung bzw. Untermalung Ihres Vortrages wenn möglich:

- Flip-Chart
- Skizzen
- Diagramme
- Dias und Schaustücke

Achten Sie darauf, dass diese visuellen Darstellungen für jedermann zugänglich, gut leserlich und eindrucksvoll sind. Hier wird oft gesündigt. Es gibt aber überall Grafik-Institute, die Ihnen behilflich sind.

Stufe 7: Durchdenken, üben und entspannen

Viele Anfänger haben davor Angst, im Vortrag „stecken zu bleiben". Sie lernen deshalb den Vortrag auswendig. Aber das ist gerade das Schlechteste, was Sie tun können! Es bedeutet nämlich eine besonders hohe Belastung, denn wenn Sie stecken bleiben, können Sie nicht ohne weiteres den Faden wieder finden. (Schließlich steht Ihnen kein Souffleur zur Verfügung!)

Es ist viel besser, sich möglichst entspannt hinzusetzen und den gesamten Vortrag Stück für Stück geistig zu durchdenken und zu erfassen. Das, was Sie eigentlich sagen wollen, in der richtigen, logischen Fortführung gemäß des „roten Fadens" in sich aufnehmen und verankern. Sie müssen den Text in sich gespeichert haben, bereit zum Abruf. Sie müssen den Sinn der Botschaft klar und deutlich nicht nur ausgearbeitet, sondern auch geistig parat haben. Verlieren Sie dann wirklich einmal den „Faden", ist es gar nicht so schwierig, ihn wieder zu finden. Somit können Sie viel eher auf die jeweils herrschende Situation im Zuhörerkreis eingehen (zustimmendes Kopfnicken, kurzer Zwischenapplaus, Zwischenfragen, aber auch beginnende Langeweile, Nervosität, Desinteresse).

Praxis-Tipp:

Spontane Einfälle, situative Stegreifkomik oder eine kurze Atempause, die Sie sich und Ihrem Publikum gönnen, können dabei hilfreich sein, das Interesse wieder neu zu entfalten. Diese Inspirationen, die ein Redner aus einem Publikum erhält, kann er aber nur wahrnehmen und darauf reagieren, wenn er seine Rede frei und ungezwungen hält, ohne sich mühsam an dem Auswendiggelernten festzukrampfen, in dem Bestreben, ja kein Wort auszulassen, weil er dann stecken bleiben könnte!

Stufe 8: Taktvoll und bescheiden auftreten

Der erste Eindruck spielt eine wichtige Rolle. Wer zu selbstsicher auftritt, erweckt den Eindruck, dass er von seinen Zuhörern für sich viel erwartet. Wer glaubt, dass er gut ist, muss dies durch seine Leistung beweisen, nicht durch sein Gehabe. Zuhörer erkennen meistens sehr schnell den Unterschied zwischen Pseudo-Wissen und echtem Können. Bescheidenes Auftreten schmälert durchaus nicht die Aussicht auf eine volle Akzeptanz –

im Gegenteil, es veranlasst die Zuhörer eher zu einer gewissen Ermunterung dem Redner gegenüber.

- Treten Sie immer taktvoll auf! Wenn Sie zur Auflockerung einen Witz einflechten, darf er den guten Geschmack nicht verletzen. Greifen Sie keinen der Anwesenden an, machen Sie niemanden und nichts lächerlich!
- Achten und beachten Sie das geistige Niveau Ihrer Zuhörer!
- Sehen Sie alle Zuhörer abwechselnd an (nicht den einen oder anderen bevorzugen).
- Nehmen Sie eine verbindliche Körperhaltung (Oberkörper leicht nach vorne geneigt) an.
- Strahlen Sie Freundlichkeit aus.

Stufe 9: Zuhörer mit Humor entspannen oder mit Neugierde und Überraschung fesseln

Die ersten fünf Sätze sind wichtiger als die nächsten 100 Sätze! Der erste Satz muss sitzen. Beginnen Sie z. B. mit einer Frage, einem Zitat, einem Dank, einem aktuellen Ereignis oder mit einer treffenden Story.

Seien Sie vorsichtig mit Witzen; wie schon erwähnt, darf ein Witz niemals verletzend wirken. Ein Geheimnis guter Redner ist unter anderem, eine Anspannung der Zuhörer frühzeitig zu erkennen und zu lösen, aufkeimende Langeweile zu bemerken und mit einer überraschenden Wende des Textes wieder Neugierde zu wecken.

Praxis-Tipp:

Wer seine Zuhörer entspannt, entspannt sich selber und erleichtert sich damit das Reden.

Und nochmals: Bemühen Sie sich um eine gute Eröffnung, beginnen Sie mit einem „Peitschenschlag". Die Zuhörer entscheiden schon in den ersten Minuten, ob es sich lohnt, weiter zuzuhören.

Stufe 10: Zuhören erleichtern durch sachliches Vorgehen und Begeisterung

Verwenden Sie – um ein sachliches Vorgehen zu ermöglichen – die Fünf-Punkte-Methode. Mittels Flip-Chart geben Sie eine Zusammenfassung (Überblick) Ihres Vortrages.

Praxis-Tipp:

Machen Sie sich dabei eine theoretische Zustimmung zunutze, indem Sie beispielsweise erläuternd sagen: „Hier sehen Sie die fünf wichtigsten Punkte zu diesem Thema, und Sie sind sicher damit einverstanden, dass wir uns zunächst Punkt 1 zuwenden..."

Halten Sie sich im Laufe des Vortrages streng an die fünf Hauptpunkte. Sollte das Thema einmal „ausufern", haben Sie somit einen Aufhänger, auf den nächstanstehenden Punkt hinzuweisen, um in Ihrem Vortrag weiter fortfahren zu können. Bei Verwendung eines Flip-Charts haben Sie außerdem den Vorteil, dass die Aufmerksamkeit Ihrer Zuhörer nicht ständig auf Ihre Person, sondern auf den Flip-Chart gerichtet ist. Eine Tatsache, die

Ihnen nützlich sein kann, wenn Sie einen Blick auf Ihr Manuskript werfen möchten oder wenn Sie Reaktionen im Zuhörerkreis beobachten wollen.

Wichtig: Begeisterung im wahrsten Sinne des Wortes hervorzurufen, ist sicherlich in den seltensten Fällen möglich, dennoch sollte es Ihnen gelingen, wenigstens ein gewisses Maß an Aufgeschlossenheit und Erwartungsfreude auf den nächsten Punkt und eine positive Einstellung zum Thema zu erreichen.

Stufe 11: Vorteile in den Vordergrund stellen

Dieser Punkt ist natürlich im sonstigen Berufsleben oder bei dem Verkauf dienenden Referaten besonders wichtig. Nicht das, was Sie selbst meinen, ist immer wichtig, sondern das, was für den Gesprächspartner, Ihren Zuhörer von Bedeutung ist, muss herausgestellt werden. Ihre Botschaft, die neue Information oder Erkenntnis, muss den Zuhörern Vorteile und Pluspunkte vor Augen führen. Praxis-Ratschläge und -Tipps sowie Hinweise, vergleichende Gegenüberstellungen, technische Neuerungen usw. dienen primär dazu, den Zuhörer aufmerksam Ihren Ausführungen folgen zu lassen.

Stufe 12: Ermutigen Sie zur Beteiligung durch rhetorische und direkte Fragen

Kaum etwas anderes lockert und fördert einen Vortrag oder eine Präsentation mehr als die Einbeziehung der Zuhörer. Besonders bei auftretenden Ermüdungserscheinungen ist dies (neben kurzen Denkpausen) ein bewährtes Mittel, das Publikum am Geschehen wieder neu zu interessieren: Stellen Sie Fragen! Lassen Sie sich die Fragen beantworten, gehen Sie kurz auf die Antworten ein.

Lassen Sie sich selbst aber auch Fragen stellen (natürlich zum Thema) und stellen Sie diese Fragen zur Diskussion. Allerdings dürfen diese Frage-Antwort-Zeiten nicht zu lange ausgedehnt werden.

Freuen Sie sich auch über Zwischenrufe – es sei denn, sie sind unqualifiziert. Schließlich sind Ihre Zuhörer nicht Ihre Feinde. Zwischenrufe oder -fragen signalisieren Mitdenken und Interesse an Ihrem Vortrag.

Praxis-Tipp:

Stellen Sie Quiz-Fragen oder lassen Sie ein Arbeitsblatt individuell ausfüllen und anschließend in der Gruppe auswerten bzw. ermutigen Sie den einen oder anderen Teilnehmer, ein eigenes Erlebnis zu berichten usw.

Stufe 13: Beachten Sie immer Vertrauen und Glaubwürdigkeit

Vermeiden Sie Überheblichkeit und Arroganz. Bringen Sie Fakten und Daten, die beleg- und beweisbar sind. Sie müssen das Vertrauen Ihres Publikums erringen und behalten. Temperamentvolle Redner neigen unter Umständen manchmal dazu, sich selbst so an ihrem eigenen Vortrag zu berauschen und sind so bestrebt, ihrem Publikum zu gefallen und es zum Lachen zu bringen, dass sie in der Wahl ihrer Aussagen nicht immer ganz bei der Wahrheit bleiben.

Das mag zwar im Moment ganz nützlich und unterhaltsam sein, aber wehe, wenn durch irgendeinen Umstand das Publikum bemerkt, dass der Wahrheitsgrad leidet. Also dann doch lieber auf dem Boden der Realität bleiben, auch wenn die Wahrheit manchmal nicht ganz so publikumswirksam ist: Man wird Ihnen gerade in solchen Fällen wahrscheinlich Ihre Ehrlichkeit besonders hoch anrechnen.

Stufe 14: Wecken Sie immer gezielte Wünsche oder zeigen Sie den Informationsnutzen auf

Auch dieser Punkt ist besonders bei Reden bzw. Präsentationen wichtig. Sprechen Sie nicht nur den Verstand an, sondern auch das Herz und die Emotionen. Geben Sie nützliche Hinweise und Ratschläge, Informationen und Erkenntnisse weiter. Überlegen Sie, welche Broschüren, Merkblätter, Statistiken, Bilder, Muster- und Schaustücke sowie Folien Sie zur Verfügung stellen können, um Nutzen und Vorteile zu illustrieren und zu verdeutlichen.

Stufe 15: Nennen Sie Lösungsmöglichkeiten und Alternativen

Ein Redner, gleichgültig worüber er referiert, tut stets gut daran, für ein Problem, welches er umreißt, auch gleich eine Lösung anzubieten (oder auch mehrere Lösungen und Alternativen dazu). Es dürfte keinem Zuhörer damit gedient sein, auf Probleme aufmerksam gemacht zu werden, die er wahrscheinlich selbst schon kennt, ohne dass er etwas darüber erfährt, wie man diesem Problem „zu Leibe rücken" könnte.

Praxis-Tipp:

Gerade im Falle von Problem-Lösungs-Themen bietet sich die Eröffnung einer allgemeinen Diskussion oder einer Gruppenarbeit an. Schließlich hat jeder von uns seine eigenen Situationen zu meistern, seine Erfahrungen bereits gemacht – ob positiv oder negativ. Aus all diesen Diskussionsbeiträgen können wir sicherlich etwas lernen.

Stufe 16: Beachten und prüfen Sie die Zuhörer-Reaktion und Akzeptanz

Einen wirklich lebendigen, erfolgreichen Vortrag kann nur der Redner halten, der mit seinem Publikum auf einer „Wellenlänge" schwimmt. Dazu braucht er einen ständigen Blickkontakt zum Auditorium und die Rückkoppelung. Ignorieren Sie nicht den Blick eines Zuhörers, der gelangweilt aus dem Fenster schweift und glauben Sie nicht an einen Zufall, wenn dann noch eine Zuhörerin in Ihrer Handtasche „kramt", Lippenstift und Spiegel herauszieht, um sich ihr Make-up, wenn auch diskret, so doch sichtbar zu erneuern.

Das sind alles Alarmzeichen dafür, dass man Sie nicht mehr akzeptiert. Warten Sie nicht erst darauf, dass unüberhörbares Scharren der Füße auf dem Fußboden oder gar fluchtartiger Aufbruch des einen oder anderen Zuhörers Sie in Panik bringt. Dann wäre es zu spät, Maßnahmen zu ergreifen.

Zur allergrößten Not, wenn alle Tricks mit Humor, Schlagfertigkeit, Fragen stellen und dergleichen versagen, beenden Sie lieber früher als geplant Ihren Vortrag. Erweitern Sie dann nicht künstlich diese Katastrophe. Lieber sollen Ihre Zuhörer gelangweilt, als verärgert den Saal verlassen.

Stufe 17: Gewinnen Sie und halten Sie Aufmerksamkeit aufrecht durch Stufenplan-Vorgehen

Verpulvern Sie Ihre besten Ideen und Gags nicht bereits am Anfang bzw. zu früh. Achten Sie zwar auf einen „starken Anfang", aber dann dosieren Sie Ihre Aussagen und Informationen stufenweise, Schritt für Schritt sich steigernd. Das Interesse muss wachsen oder zumindest erhalten bleiben. Es ist wohl kaum möglich, sein Publikum insgesamt vom ersten bis zum letzten Wort zu fesseln. Jeder schaltet einmal ab, seine Gedanken schweifen irgendwohin. Für diese „Aussetzer“ benötigen Sie dann diese kontinuierliche Steigerung Ihrer Aussagen, um zum Thema zurückzuführen.

Stufe 18: Auf dem Höhepunkt beenden Sie plötzlich und pünktlich

Ihr Vortrag sollte nach Möglichkeit so aufgebaut sein, dass Sie, haben Sie die höchste Stufe erreicht, auch gleichzeitig am Ende Ihres Referates angelangt sind.

Praxis-Tipp:

Sagen Sie niemals „Ich komme nun zum Schluss“ – um dann trotzdem weiter zu reden. Halten Sie Ihre Redezeit unter allen Umständen auf die Minute ein.

Bedenken Sie immer: nicht nur ein guter Anfang ist wichtig – auch das Ende ist von großer Bedeutung. Schließlich ist der Schlusssatz das, was Ihre Zuhörer als letztes von Ihnen hören und was sie mit nach Hause nehmen.

Um diesen Schluss nicht zu „verpatzen“, sollten Sie – auch im Hinblick auf die Wichtigkeit – sowohl den Eingangs- als auch den Schlusssatz (nicht das ganze Manuskript) auswendig lernen.

Stufe 19: Dank und Verabschiedung

Reden ist vielleicht nicht ganz und nicht immer einfach – Zuhören aber auch nicht. Ihr Publikum hat Ihnen zugehört und dafür müssen Sie ihm dankbar sein. Ihr Dank muss von Herzen kommen und aufrichtig sein, frei von den üblichen Phrasen. Je aufmerksamer Ihre Zuschauer sich gezeigt haben, desto herzlicher muss Ihr Dankwort sein. Das Gleiche gilt natürlich für die Verabschiedung. Danken Sie auch dem Veranstalter und den Personen, die Ihnen vielleicht in irgendeiner Weise als Hilfen zur Seite standen.

Praxis-Tipp:

Wenn der Zuhörerkreis nicht zu groß ist, sollten Sie sich von den einzelnen Personen per Handschlag verabschieden. Je nach Möglichkeit und Bedarf sollten Sie in die Abschiedsworte Ihre Bereitschaft einfließen lassen, dem einen oder anderen zur Beantwortung spezieller oder persönlicher Fragen zur Verfügung stehen – jetzt oder später.

Stufe 20: Analysieren Sie kritisch die Gewinn- und Verlustphasen Ihres Vortrages

Nicht jeder Redner erhält während oder unmittelbar nach seinem Vortrag eine direkte Rückkoppelung seitens seiner Zuhörer, oder aber er hatte durch den speziellen Charakter seiner Rede nicht genügend Gelegenheit, auf entsprechende Signale zu achten.

Achtung: Es gibt einen Weg, der auf den Seiten 108 und 111 beschrieben wird. Dieser Weg setzt voraus, dass Sie so oft wie möglich die Reaktionen Ihres Publikums während des Vortrages beobachten und geistig notieren!

So bereiten Sie sich optimal vor

4

Fünf Tipps zur Rede-Vorbereitung

Wählen Sie Themen aus Ihrem Erfahrungsschatz

In Kursen stellt man immer fest, dass die besten Vorträge stets die sind, in denen Teilnehmer über persönliche Erlebnisse und Erfahrungen sprechen. Die Darbietungen sind reell, natürlich vorgetragen und reißen die Zuhörer meistens mit.

Achtung: Es ist gefährlich, auf Gebieten der Sachthemen mit Pseudo-Wissen zu sprechen. Es bedarf vieler Vorbereitungen und mühevoller Arbeit, ein gutes Sachthema anzugehen.

Treffen Sie schnell und bald eine Entscheidung

Sie ersparen sich viel Kummer, wenn Sie sich bei der Wahl zwischen verschiedenen Themen bald entscheiden und dann das Thema sofort in Angriff nehmen. Es lohnt sich, die Ideenquellen von A–Z (siehe Seite 69) zu studieren.

Oft nützt es auch, wenn Sie mit Freunden und Bekannten sprechen und sie um ihre Meinung bitten, sie liefern oft gute Vorschläge.

Wählen Sie am Anfang – wenn möglich – ein Fach- oder Interessengebiet, beispielsweise ein Hobby von Ihnen. Die meisten Menschen sprühen vor Ideen und Begeisterung, wenn sie über „ihr" Fach oder Hobby sprechen.

Stellen Sie sich die Frage: Was könnte meine Zuhörer interessieren?

Es ist immer sehr wichtig, genaue Fakten über sein Publikum und seine Zuhörer zu bekommen, um danach das Thema richtig wählen zu können.

Achtung: Viele gute Redner versagen gerade bei diesem Punkt und sind enttäuscht, wenn sie erfahren müssen, dass sie nicht „angekommen" sind.

Praxis-Tipp:

Die Vorinformation, die Sie sich über Ihre Zuhörer verschaffen, lohnt sich immer. Erkundigen Sie sich bei der Themenvergabe.

Die folgende Checkliste hilft Ihnen bei Ihrer Vorbereitung: diese Fragen sollten bereits bei der Themenvergabe geprüft werden.

Checkliste: Redevorbereitung

Was
- Genaue Themen/Titel
- Redezeit

....

....

Wann
- Datum
- Uhrzeit

....

....

Wo
- Räumlichkeiten
- Raumgröße
- Bestuhlung
- Hotel und Parkplatz
- Kontaktperson

....

....

Warum
- Hauptzielsetzung
- Information
- Motivation usw.

....

....

Wie
- Freie Rede
- Technische Hilfsmittel
- Flip-Chart, Tageslichtprojektor usw.
- Durchführungs-Plan

....

....

Welche neuen Informationen oder Kenntnisse kann ich meinen Zuhörern übermitteln?

Die Zuhörer brennen darauf, auf dem neuesten Stand zu sein. Sie können so manchen Applaus einheimsen, wenn Sie immer aktuell sind.

Praxis-Tipp:

Weniger Theorie – mehr Praxis.

Welche praktischen Erfahrungen könnte ich weitergeben?

Jeder von uns hat auf irgendeinem Gebiet praktische Erfahrungen. Theorie kann man meistens in Büchern nachlesen, aber Tipps aus der Praxis des Einzelnen sind leichter zu verstehen und anwendbar. Viele Praktiker schwören nur auf die Praxis und weisen alles andere als „graue" Theorie zurück. Dies sollten Sie immer bedenken.

Wie Sie gezielt und systematisch arbeiten können

Sie werden nie genug Zeit für die Vorbereitung haben, deshalb müssen Sie heute schon gedanklich beginnen, Reden und Vorträge für morgen auszuarbeiten.

Ein Kernproblem unserer Zeit ist die mangelnde Konzentrationsfähigkeit des Einzelnen oder auch die einer Gruppe. Sie bedeutet in jedem Fall eine Verminderung der schöpferischen Kraft. Jeder fühlt sich gehetzt und lässt sich hetzen.

Das Resultat ist:

- unproduktive Zersplitterung
- angefangene Arbeit
- Nervosität
- Unbehagen
- Zerrissenheit
- Ziellosigkeit

Dieses Spiegelbild der „Stress-Generation" sollten Sie nicht akzeptieren mit dem Kommentar: „Es geht anderen doch genauso." Denn es wäre eine Torheit, ins Feuer zu springen, nur weil andere es auch tun. Jeder Mensch sinnt und sucht im Grunde nach einem Glückserleben, Wohlbehagen, innerem Frieden und persönlichem Erfolg. Die Ruhe, die schöpferische Pause und die Gelegenheit, sich zu konzentrieren, werden uns im Sturm der Zeit nicht geschenkt: sie müssen erkämpft und verteidigt werden.

Die schöpferische Pause

Der Erfolg in der Bemühung, Nutzen bieten zu können, hängt größtenteils von der Fähigkeit ab, konstruktiv denken zu können und danach die entsprechende konsequente und aktive Durchführung des Erarbeiteten zu betreiben. Harte Arbeit allein ist keine Garantie für den Sieg, sondern das schöpferische und planmäßige Denken ist der erste Schritt und die Voraussetzung für die Zielerreichung.

Nur eine systematische Ideenfixierung, Aussortierung, Analyse und die Erarbeitung von Aktionsplänen führen zu Befriedigung, Entspannung, Wohlbehagen und potenzieller Tatkraft, weil die Arbeitsziele nunmehr klar und visuell vorliegen. So gewinnen Sie eine nützliche Ideenentlastung und gleichzeitig Ansporn zu neuer Schöpfungskraft und zur Realisierung der Ideen.

Wichtig: Schriftlich fixierte Ideen und entsprechende Aktionspläne führen zum Erfolg, denn sie wollen an die Öffentlichkeit kommen. Sie drängen den Menschen förmlich, sich der anderen mitzuteilen. Schaffen Sie sich deshalb eine Rhetorik-Kartei an. Folgender Aufbau hat sich in der Praxis bestens bewährt

Rhetorik-Kartei

Idee

- ....
- ....
- ....

Zitat

- ....
- ....
- ....

Formulierungen

- ....
- ....
- ....

Visualisierungsidee

- ....
- ....
- ....

Schaustücke

- ....
- ....
- ....

Glauben Sie an Ihren Erfolg – mit Selbstmotivationsübung

Sie werden es schaffen. Glauben Sie fest an Ihren Erfolg – denn Erfolg bringt Erfolg. Und nicht zuletzt: beachten Sie immer die Tatsache „Übung macht den Meister"! Sie werden von Tag zu Tag besser werden.

Lesen Sie sich bitte die folgenden Zeilen vor einem Spiegel laut vor, so oft Sie die Zeit und Lust dazu haben. Die folgenden Worte werden Sie nicht unberührt lassen, sie werden Ihnen durch ihre Motivationswirkung die Gewissheit geben, dass Sie Ihr Ziel voll und ganz erreichen werden!

Selbstmotivationsübung

„Ich habe mich entschlossen, aus meinem Leben etwas zu machen! ... Ich werde ein erfolgreicher Mensch..., der jeden Tag arbeiten und schaffen wird..., denn ich will aus meinem Leben etwas machen... Es wäre ein trauriger Tag, wenn ich mit 65 Jahren mein Leben überblicken müsste, um festzustellen, dass ich an sich wenig erreicht habe... Nun habe ich es noch in der Hand, es tatkräftig anzupacken... Ich werde an meiner Persönlichkeit arbeiten.. tagtäglich üben, freier, positiver und glücklicher zu werden... Die unsichtbaren Schranken werde ich niederreißen... Ich werde vorwärts marschieren und meinen Blick auf mein Ziel richten...

Ja, ich beginne schon heute... Erfolg kann ich nur haben, wenn ich bereit bin, Nutzen zu bieten. ... Ich werde meine Talente einsetzen... Ich weiß, dass in mir mehr steckt. Viele Jahre habe ich nicht voll gelebt. Ich kann viel mehr leisten... und ich will es auch!... Täglich werde ich daran arbeiten und siegen."

Wichtig: Alles was ich anfange und nicht zu Ende führe, ist wie noch nie begonnen!

Checkliste: Ideenquellen von A–Z

Adressbücher
Almanache
Anekdoten-Sammlungen
Anzeigen
Archive
Auskunfteien
Auslandspresse
Ausstellungen

Bekanntmachungen
Beobachtungen, eigene
Berichte
Berufsverbände
Besprechungen
Bibliotheken
Bilder
Bücher
Buchgeschäfte
Bundesamt f. Statistik

Datenbanken
Diskussionsaspekte
Dokumentationen
Dozenten

EDV-Statistiken
Empfehlungen
Ereignisse, gesellschaftl.
Erfahrungen, eigene u. fremde
Erlebnisse, eigene u. fremde

Fachbücher
Fachverbände
Fachzeitschriften
Fernsehsendungen
Filme
Firmenarchive

Gedankenaustausch
Geschichten
Geschichtliches

Hausmitteilungen
Hauszeitschriften

Ideenblitze
Ideenkartei
Illustrierte
Industrie- u. Handelskammern
Institute

Jahresbücher
Jahresstatistiken
Jahrestagungen
Journale

Kataloge
Klubtreffen
Kollegen
Konferenzen
Kongresse
Kunden

Lehrer
Literaturhinweise
Literaturverzeichnisse

Magazine
Manuskripte
Meinungsberichte
Messen

Nacherzählungen

Organe
Organisationen

Presse
Pressestellen
Professoren
Public-Relations-Abteilungen

Quellenverzeichnisse

Radiosendungen
Redakteure
Referenzen
Reisen
Reportagen
Repräsentanten

Sachberichte
Sachvorträge
Seminare
Spezialisten
Statistiken
Stichpunktkarteien

Tageszeitungen
Tagungen
Tatsachenberichte
Telefonauskünfte

Universitäten

Verbände/Vereinigungen
Verlage
Videos
Vorgesetzte

Wirtschaftsverbände
Witzblätter

Zahlen
Zitate

Checkliste: Themenvorbereitung

WAS

- Titel

  ....

  ....

- Untertitel

  ....

  ....

- Definition

  ....

  ....

- Einstieg/Einleitung

  ....

  ....

WARUM

- Hauptproblem

  ....

  ....

- Fragen

  ....

  ....

- Hauptfehler

  ....

  ....

- Test: Ist/Soll

  ....

  ....

WANN

- Zeit

....

....

- Ort

....

....

- Privat/Beruf

....

....

WIE

- Regeln

....

....

- Skizzen

....

....

- Erklärungen

....

....

- Tipps und Hinweise

....

....

- Zitate

....

....

- Ratschläge

....

....

- Zusammenfassung

....

....

- Übungen

....

....

WO
- Erlebnisse

....

....

- Beispiele

....

....

- Anekdoten

....

....

- Personen

....

....

- Quellen und Fundgruben

....

....

WESHALB
- Vor- und Nachteile

....

....

- Plus/Minus

....

....

- Nutzen

....

....

- Ist/Soll-Vergleich

....

....

WIESO

- Vorteile

....

....

- Verbesserung

....

....

Checkliste: Medieneinsatz

	Handhabung	Eigenproduktion der Software	Wirkung auf die Zuhörer
	Einfach Flexibel im Vortrag Mobil Ständiger Blickkontakt zum Zuhörer Umfang begrenzt Zu klein bei großem Zuhörerkreis	Leicht bei Schemata Schriften und Zeichnungen erfordern Übung Grafiker zu Hilfe nehmen Bildmontage möglich Fotografische Vergrößerungen verwendbar	Überschaubar auch für komplexe Inhalte Erleichtert Infoaufnahme auch bei kurzen Konferenzen Verstärkt das Wichtige Vorteil: Für die Diskussion können alle Charts nebeneinander gestellt werden
	Nach kurzer Einübung leicht Ergänzungen während des Vortrags machbar Rückblenden jederzeit möglich Diskussionsbeiträge sofort festhaltbar Blickkontakt wird beim Schreiben unterbrochen Begrenzte Abfolge	Die erforderlichen Großschriften setzen zeichnerische Fertigkeiten voraus Vorgefertigte Charts möglich Grafiker zu Hilfe nehmen Für komplexe Darstellungen (Abläufe) empfehlenswert Korrekturen aufwendig Nicht fotokopierfähig	Aktuell und aktiv Plakative Übersicht auch bei komplexen Inhalten Sicherer Rückgriff auf dargestellte Fakten Vorteil: Für die Diskussion können alle Blätter an eine Wand geheftet werden

 Pin-Wand	Stellwände oder spezielle Wandbeschaffenheit nötig Technik der Haftung beachten (Magnet, Kleber, Nadel usw.) Kärtchentechnik zur Einbeziehung der Zuhörer setzt Übung und Erfahrung voraus Vortragsform mit anschließendem Szenario möglich	Gut für wachsende Darstellungen mit vorbereiteten Einzelbildern (Kärtchen) zu komplexen Übersichten Zuordnung der Kärtcheninhalte zueinander leicht veränderbar durch Umstrukturierung	Moderne Kommunikationstechnik Der Lösungsprozess wird miterlebt Aktiviert und fordert zur Ergänzung auf Einbeziehung der Teilnehmer schafft Vertrauen
 Tageslicht-Projektor	Vortragsübung erforderlich für Schreibprojektion auf Endlosfolie Mit ausgearbeiteten Folien leichter Vortrag Ständiger Blickkontakt Die Darstellung verlangt einen strukturierten Inhalt Mobil und stationär Spezialleinwand erforderlich	Folienfolge verlangt strukturierten Ablauf Foliengestaltung setzt Übung voraus (Farbe möglich) Bei vorgedruckten Folien kann Vorbereitungszeit gespart werden Angebot von fertigen Folien nutzen Papiervorlagen auf Folie fotokopierbar	Text ist abstrakt Grafik ist anschaulich Bei parallelem Vortrag von Bildteil und Sprechtext leichte Informationsaufnahme „Zahlenfriedhöfe" verwirrend Informativ, aber bei zu vielen Folienmotiven ermüdend Folien fotokopierfähig als Diskussionsunterlage
 Dia-Projektor	Nach kurzer Übung leicht Die Technik erfordert das Bedienenkönnen Referent muss sich in verdunkeltem Raum durchsetzen können Mit Zusatzgerät schnelle Bildanwahl möglich Bei Doppelprojektion weiche Überblendung ohne Dunkelphasen	Diafolge verlangt strukturierten Ablauf Diaerstellung erfordert Fotograf und Kopieranstalt Diamotive brauchen Bilder und Farbe Gut für Abläufe von sich ändernden realen Situationen	Sehr anschaulich Hohe Bildqualität Repräsentativ Spricht neben der Ratio auch das Gefühl an Der apparative Aufwand kann störend wirken

Quelle: Rhetorikhandbuch, Deutscher Sparkassen Verlag

Wie Sie ein Thema angehen

5

Eine gute Eröffnung: So gewinnen Sie Ihre Zuhörer

Sicher sind Ihre Zuhörer bei Beginn der Rede gedanklich mit eigenen Angelegenheiten beschäftigt. Deshalb müssen Sie sofort die volle Konzentration Ihrer Zuhörer gewinnen. Der Einstieg ist wichtig!

- Wecken Sie sofort die Neugierde Ihrer Zuhörer.
- Zuhörer lieben dramatische oder ungewöhnliche Aussagen.
- Entspannen Sie Ihre Zuhörer durch Humor.
- Treten Sie natürlich und freundlich auf.
- Sprechen Sie Ihre Zuhörer möglichst persönlich an.

Verwenden Sie eine Methode, bei der Sie Ihre Zuhörer auf die „falsche Spur" locken. Bei einem Seminar für Erwachsenen-Bildung begann der Referent seinen Vortrag z. B. folgendermaßen: „Sie war schlank, sie war elegant, sie war rassig und hatte Formen, die jedes Mannes Herz höher schlagen lassen – meine Segeljacht auf der Kieler Förde." Diese gekonnte Eröffnung verhalf dem Redner sofort zu der Aufmerksamkeit seiner Zuhörer.

Redeaufbau: Einfach, klar, präzise

Phase 1: Vorbereitungsphase

- Thema genau festlegen.
- Information über Publikum, Zuhörer oder Zielgruppe vorher erfragen.

- Genaue Zielsetzung oder Lernziel kennen und festlegen.
- Sich gedanklich mit dem Thema tagtäglich beschäftigen.
- Informationsquellen durchdenken.
- Entsprechende Bücher oder Literatur beschaffen und studieren.
- Blitzideen auf kleine Zettel oder Karten während des Tages aufschreiben und sammeln.
- Gedanken auch allgemeiner Art mit Kollegen, Freunden und Fachexperten besprechen und diskutieren.
- Die eigene Ideenkartei studieren.

Phase 2: Eröffnungsideen auswählen

Nachdem Sie ein Thema genügend durchdacht haben und reichlich Stoff gesammelt haben, sollten Sie versuchen, sich ernsthaft mit der Einleitung zu beschäftigen. Diese muss sitzen!

Methoden zur Eröffnung eines Vortrages
■ Frage
■ Zitat
■ Episode
■ Zuhörer-Kompliment
■ Aktuelles Ereignis
■ Vorschau auf den Inhalt geben (bei Sachthemen)

Praxis-Tipp:

Die Zuhörer müssen bei Ihrer Einleitung sofort das Gefühl bekommen, dieser Vortrag könnte interessant werden.

Phase 3: Mit Symbolen und Schaustücken visualisieren

Es ist oft nützlich, themenbezogene Symbole zu verwenden, z. B.:

- Sonne – Optimismus
- Kompass – Richtung
- Uhr – Zeit
- Fünf Finger (Hand) – Stufen oder Punkte
- Kleeblatt – Glück
- Gedeckter Tisch – Produkteinführung
- Sterne – Zukunft
- Schornsteinfeger – Glücks-Symbol
- Bremsschuh – Hemmschuh
- Daumen nach oben – startklar, alles o.k.
- Glühbirne – Idee, Einfall

Redekarte

EINSTIEG (Aufmerksamkeit durch Einstiegs-Folie)

- ....
- ....
- ....
- ....

HAUPTTEIL

- ....
- ....
- ....
- ....
- ....
- ....
- ....
- ....

SCHLUSSAPPELL (Abschluss-Folie und Texte)

- ....
- ....
- ....
- ....

Praxis-Tipp:

- Setzen Sie sich ruhig und bequem hin. Es ist ein Trugschluss zu glauben, dass man Ausarbeitungen machen kann, wo viel Turbulenz und Hektik herrscht.
- Denken Sie mit Papier, denn Papier und Bleistift sind hervorragende Hilfsmittel für den kreativen Prozess.
- Denken kann man nicht immer erzwingen. Wenn Sie merken, dass es nicht weitergeht, machen Sie einen Rundgang im Büro, Garten, auf der Straße oder im Wald. Sie brauchen eine schöpferische Pause.

Vorbereitungs-Hilfsbögen

Gründe

Dafür	Dagegen
▪	▪ ....
▪	▪ ....
▪	▪ ....
▪	▪ ....
▪	▪ ....
▪	▪ ....
▪	▪ ....
▪	▪ ....
▪	▪ ....

Thema: ....

Hauptgedanken:	Nebengedanken:	Beispiel:
■	■	■ ....
■	■	■ ....
■	■	■ ....
■	■	■ ....
■	■	■ ....
■	■	■ ....
■	■	■ ....

Thema: ....

Einleitung: ....

Muss:	Soll:	Kann:
■	■	■ ....
■	■	■ ....
■	■	■ ....
■	■	■ ....
■	■	■ ....
■	■	■ ....

Schluss: ....

Checkliste: Themenbearbeitung

Durchdenken Sie Ihr Thema unter Berücksichtigung folgender Ideen. Mit diesen Überlegungen können Sie sich sehr schnell einen Vortrag in den Grundzügen zurechtlegen – auch bei Stegreif-Reden nützlich.

Definition

Definieren Sie ganz kurz Ihre Intentionen. Es gibt viele verschiedene Wortbegriffe, die oft einer Erklärung bedürfen. Zuhörer sind dankbar, wenn Sie diese vorher erläutern.

Historisch

Zeigen Sie die historische Entwicklung auf, wie sich etwas über Jahre hinweg entwickelt hat. Dies bildet die Basis für die Zukunft.

Geographisch

Es interessiert sehr zu wissen, wie es in den verschiedenen Ländern aussieht. Hier können Sie die Unterschiedlichkeit kurz erklären.

Physikalisch

Erläutern Sie evtl. physikalische Eigenschaften. Was stellen wir uns darunter vor, und wie sind die Komponenten?

Philosophisch

Die Betrachtungen sind von Mensch zu Mensch unterschiedlich, und manche Lehren können daraus gezogen werden.

Ökonomisch

Welche wirtschaftlichen Aspekte spielen hierbei eine wichtige Rolle? Der Vortrag kann mit Zahlen und Fakten recht gut belegt werden.

Pädagogisch

Was können wir daraus lernen? Welche Grundregeln können wir abstrahieren?

Moralisch

Welche moralischen und ethischen Begriffe spielen hierbei eine wichtige Rolle? Was können wir daraus lernen?

Gesundheit

Welche Faktoren beeinflussen hier die Gesundheit und die Umwelt?

Redeplan ausarbeiten – mit Stichpunkten

Redeplan

E **Einstieg**

- ....
- ....
- ....

G **Gestern**

- ....
- ....
- ....

H **Heute**

- ....
- ....
- ....

M **Morgen**

- ....
- ....
- ....

S **Schluss**

- ....
- ....
- ....

Stichpunkt-Ideen		
E	**Einstieg**	▪ Folie ▪ Aufhänger ▪ Eine Frage ▪ Zitat ▪ Schaustück ▪ Vorschau-Methode
G	**Gestern**	▪ Früher ▪ Vor dem Krieg ▪ Damals
H	**Heute**	▪ 2000 ▪ EU-Entwicklung ▪ EURO-Währung ▪ Wirtschaft / Finanzen / Politik
M	**Morgen**	▪ Jahr 2010 ▪ Vorplanung/Jetzt ▪ Was wird sich ändern?
S	**Schluss**	▪ Mut zur Veränderung ▪ „Packen wir es an!“ ▪ Im Team sind wir stark usw.

Vortragstexte schreiben: So gelingt's!

Immer wieder begegnet man Rednern, die einige Elementar-Praktiken der Redekunst nicht kennen und somit beim Vortrag „versanden".

Beispiel für eine schlechte Vortragstechnik

Der Vortrag wird auf DIN-A4-Seiten mit der Schreibmaschine/dem Computer in Normal-Schrift Zeile für Zeile eng untereinandergeschrieben.

> In Deutschland sind mehr als 40 Millionen Kraftfahrzeuge zugelassen. Nahezu jeder Haushalt besitzt einen oder mehrere PKW und entsprechende Versicherungen. Doch nicht alle sind mit ihrer Kfz-Versicherung gut beraten. Seitdem jede Gesellschaft die Bedingungen individuell gestalten darf und der Beitrag sich nicht mehr nach der PS- oder KW-Stärke richtet, sondern nach dem neuen Typenklassentarif, ist eine Markttransparenz nicht mehr vorhanden und Vergleichsangebote werden erschwert.

Beim Vortragen kann der Redner diese Zeilen natürlich nicht leicht lesen, weil er beim Reden eine aufrechte Haltung einnehmen muss. Dies führt dazu, dass der Referent hin und her wippen muss, um die klein geschriebenen Zeilen deutlich lesen zu können. Dies wirkt sehr irritierend auf die Zuhörer und bringt viel Unruhe in den Vortrag.

Achtung: Bedenken Sie, dass die Lese-Entfernung zum Text meistens weiter ist als man glaubt! Wenn die Zeilen zu klein und zu eng aneinander geschrieben sind, werden Sie Schwierigkeiten bei der Betonung und der Pausentechnik haben. Sie laufen Gefahr, dann frei zu sprechen und finden die Einstiegsstelle nicht mehr.

Praxis-Tipp:

- Schreiben Sie immer so wenig Text wie möglich auf eine Seite.
- Sparen Sie nicht mit Papier.
- Lassen Sie viel „weiß" zwischen den Zeilen, damit Sie Ihren Text deutlich und klar lesen können.
- Schreiben Sie nur kurze Sätze, die jedesmal mit einer neuen Zeile beginnen (vorzugsweise immer dann, wenn Sie Ihre Stimme erneut heben oder senken müssen).

Beispiel für eine ideale Vortragstechnik

```
In Deutschland sind mehr als 40 Millionen Kraft-
fahrzeuge zugelassen.
Nahezu jeder Haushalt besitzt einen oder mehrere
PKW und entsprechende Versicherungen.
Doch nicht alle sind mit ihrer Kfz-Versicherung
gut beraten.
Seitdem jede Gesellschaft die Bedingungen
individuell gestalten darf und der Beitrag sich
nicht mehr nach der PS- oder KW-Stärke richtet,
sondern nach dem neuen Typenklassentarif, ist
eine Markttransparenz nicht mehr vorhanden und
Vergleichsangebote werden erschwert.
```

So könnte ein Schema aussehen. Es hat den Vorteil dass der Referent es leichter ablesen kann. Natürlich ist die beste Vortragsart die, bei der man nur mit Stichpunkten arbeitet.

Beispiel für Vortragstechnik mit Stichwörtern

Stichwortkarten
Vortrag/Rede/Thema: ....
■ 40 Millionen Kfz zugelassen
■ jeder Haushalt 1 od. mehrere PKW + entsprechende Versicherungen
■ nicht alle gut beraten
■ Bedingungen dürfen individuell gestaltet werden
■ Beitrag richtet sich nicht mehr nach PS, sondern neuem Typenklassentarif
■ Markttransparenz nicht mehr vorhanden
■ Vergleichsangebote werden erschwert

Gedächtnis-Training: So behalten Sie den „roten Faden"

Es gibt viele Situationen, in denen es für Sie erforderlich ist, frei zu sprechen. Nun, beim Sprechen ist natürlich immer die Gefahr vorhanden, dass man den roten Faden verliert. Deshalb müssen Sie sich Techniken aneignen, die Ihnen dazu verhelfen, die wichtigsten Stichpunkte im Gehirn zu speichern und zu verankern. Hier hat sich folgende Methode sehr gut bewährt.

„Kettenmethode"

Können Sie diese zehn Wörter spontan – nach einmaligem Durchlesen wiederholen? Prüfen Sie sich selbst.

- roter Teppich
- Tisch
- Clinton
- Schreibmaschine
- Schiff
- Telefon
- Nebel
- Bahnhof
- Uhr
- Erfolg

Auch wenn eine Wiederholung spontan möglich ist, zeigt die Erfahrung, dass man diese Gegenstände sehr schnell noch nach einem Tag vergessen kann.

Wenden Sie nun die folgende Methode an und Sie werden sehen, dass es viel leichter fällt, die Gegenstände zu behalten, wenn Sie diese visualisieren.

Konzentration- und Gedächtnismethodik
■ Versuchen Sie die Gegenstände bildlich zu sehen. ■ Übertreiben Sie die Größe der Gedankenbilder. ■ Reihen Sie die Bilder in Form einer Kette zusammen. ■ Versuchen Sie die Gegenstände farbig zu sehen. ■ Machen Sie die Augen zu und versuchen Sie folgendermaßen zu visualisieren.

Visualisierungs- und Assoziationsübung

Wenn möglich, lassen Sie sich bitte folgenden Text langsam vorlesen. Schließen Sie bitte dabei die Augen und lassen Sie Ihre Gedanken los.

„Sie sehen einen sehr großen Raum, in dem ein dicker, roter Plüschteppich auf dem Fußboden liegt. Es ist kein gewöhnlicher Teppich, sondern einer, der etwa 30 cm dick ist. Beim Darüberlaufen sinken die Füße tief in das Gewebe ein. Können Sie das sehen? Sie nehmen jetzt von draußen einen weißen Tisch und bringen ihn in die Mitte des Zimmers und stellen ihn dorthin. Sehen Sie, wie der Tisch in den Teppich sinkt? Nun holen Sie ein Bild von der Wand mit der Abbildung von Präsident Clinton. Legen Sie dieses beglaste Bild auf den Tisch. Jetzt holen Sie von draußen eine ADLER-Schreibmaschine, die sehr schwer ist. Diese stellen Sie auf das Glas des Bildes. Sehen Sie, wie das Glas durch die Schwere der Schreibmaschine zersprungen ist? Wie war der Markenname noch? O ja: ADLER. Nun holen Sie aus dem Kinderzimmer ein Modellschiff – ganz weiß –, es ist die HANSEATIC, und dieses stellen Sie oben auf die Schreibmaschine. Bildlich stellen Sie sich vor, dass nun, bis zum Teppich hinunter, ein riesengroßer Anker zu sehen ist. Auf einem Ankerende ist ein weißes Telefon angebracht worden, es steckt auf dem Anker drauf. Das Telefonkabel mit dem Hörer befindet sich über drei Meter hoch, ohne jedoch herunterzufallen. Aus der Muschel steigt sehr viel Nebel hoch, und über dem Nebel befindet sich ein Modell-Bahnhof. Wenn Sie durch den Eingang desselben schauen, sehen Sie eine große Uhr, und anstatt Ziffern steht auf ihr ‚Erfolg'."

Wiederholen Sie nun diese Bilder, sprechen Sie sie laut vor sich hin. Danach versuchen Sie, die Gegenstände zu wiederholen. Genauso können Sie die wichtigsten Stichpunkte einer Rede zusammenfügen und beim Vortrag die einzelnen Punkte abhandeln.

Profi-Tipps für Ihren Live-Auftritt

6

Gehen Sie aufrecht und selbstbewusst nach vorne

Es ist sehr wichtig, langsam aufzustehen (und die Jacke noch am Platz zuzuknöpfen), bevor man nach vorne zum Rednerpult geht. Machen Sie nicht den Fehler, dass Sie nach vorne rasen, sonst sind Sie außer Atem, schon bevor Sie beginnen.

Gehen Sie aufrecht und selbstbewusst nach vorne. Kopf hoch, Schulter zurück, Bauch rein! Vorsicht – nicht stolpern! Es liegen oft Kabel und elektrisches Zubehör herum.

Nach vorne treten zum Rednerpult und einen halben Meter von dem Pult entfernt stehen. Vermeiden Sie es, mit beiden Händen das Pult festzuhalten. Holen Sie tief Luft und schauen Sie alle Teilnehmer mit freundlichem Blick von links nach rechts an.

Suggestionsübung

Sagen Sie diese Worte vor jeder Rede bzw. jedem Vortrag in Gedanken vor sich hin.

> Ich atme tief ein,
> gehe mit aufrechtem Gang zum Rednerpult,
> nehme Kopf und Schultern zurück,
> denke an etwas Positives,
> entspanne mich.
> Ich muss!
> Ich will!
> Ich kann!

Hinweis: In Seminaren wünschen sich viele Teilnehmer eine Kopie dieser Übung.

Stellen Sie Augenkontakt her

Der Augenkontakt mit dem Publikum ist eminent wichtig. Es ist notwendig, dass Sie Ihre Zuhörer sympathisch und freundlich ansehen. Blicken Sie nicht hinauf zur Decke oder aus dem Fenster hinaus. Schauen Sie nicht „über die Köpfe hinweg", sondern sehen Sie die Menschen direkt an. Bei vielen Referenten kann man direkt sehen, dass sie, wenn sie ins Publikum hineinschauen, eigentlich gar keinen Menschen sehen, dass sie gedanklich ganz woanders sind. Wenn Sie Schwierigkeiten haben, Menschen anzusehen, dann schauen Sie einfach auf die Nasenwurzel.

Nicht beginnen, bevor alles im Raum ruhig ist

Der erste Satz ist enorm wichtig. Machen Sie nicht den Fehler, zu früh zu beginnen, etwa schon, wenn es im Raum noch nicht ruhig ist. Verschaffen Sie sich Respekt, indem Sie einfach stehen bleiben und warten, bis die notwendige Ruhe eingetreten ist. Bedenken Sie immer, Sie sind hier auch im „Show-Geschäft".

Legen Sie Ihr Konzept zurecht

Seien Sie vorsichtig, wenn Sie Ihr Konzept auf das Rednerpult legen. Bei vielen Rednerpulten ist unten keine Rille vorhanden, so dass es möglich sein kann, dass Ihr Manuskript, während Sie das Publikum ansehen, nach unten rutscht und auf dem Fußboden landet.

Schaffen Sie ein angenehmes Gesprächsklima

- Ein kluger Redner versucht zunächst einmal, sein Publikum zu entspannen.
- Bitten Sie Ihr Publikum ruhig, sich zu entspannen: „Bitte locker auf dem Stuhl zurücklehnen, Muskeln entspannen und Beine vorstrecken."
- Beginnen Sie den Vortrag ruhig mit Humor, einer netten Begebenheit oder einer gemeinsamen Übung.

Beginnen Sie deutlich und kräftig

Haben Sie keine Angst vor Ihrer eigenen Stimme. Wenn Sie in einem großen Saal sprechen müssen und bis nach hinten durchdringen wollen, müssen Sie höher und nicht zu tief sprechen. Versuchen Sie es einmal. Bei Veranstaltungen oder Vorträgen, bei denen Sie über Mikrofon sprechen, ist es wichtig, dass Sie schon vorher die Anlage einmal ausprobieren.

Wie schon mehrmals betont, muss der erste Satz wirklich „sitzen". Die Zuhörer müssen das Gefühl haben, dieser Vortrag könnte interessant sein, hier muss ich zuhören. Die Methodik des Beginns ist schon beschrieben worden.

Legen Sie eine Uhr auf das Rednerpult

Ein Redner kann manche Fehler machen, nur den nicht, länger zu sprechen als vorgesehen. Deshalb ist es gut, eine Uhr bereitzulegen. Hören Sie pünktlich auf die Minute auf, Ihr Publikum wird es zu schätzen wissen. Wenn Sie das Publikum langweilen sollten, merken Sie es schon daran, dass die Zuhörer auf die Uhr oder gelangweilt aus dem Fenster sehen. Es tut bitter Not, dann hier mit Pausentechnik oder anderen Gags zu arbeiten.

Immer Schreibmaterial und Zettel zur Hand haben

Es ist immer nützlich, Schreibmaterial beim Sprechen dabei zu haben, weil man oft während des Gesprächs noch neue Ideen hinzubekommt. Auch Fragen, die gestellt werden, kann man notieren und in der Diskussion später besser behandeln.

Nicht auf das Rednerpult stützen

Viele Redner fesseln sich selbst, indem sie sich auf das Pult aufstützen. Lassen Sie Ihre Hände einfach hängen und verwenden Sie diese im Stehen zur Betonung der einzelnen Wörter und Sätze.

Achten Sie auf Mimik und Gestik

Ein wichtiger Punkt ist, dass große Menschen sparsam mit Gestik und Mimik umgehen sollten, wogegen ein kleinerer Mensch hier doch mehr Aufmerksamkeit mit diesen Mitteln erregen darf. Ihr Vortrag muss etwas „Feuer" haben. Sie müssen begeistern können. Lassen Sie Ihre Stimme spielen mit den unterschiedlichsten

Tonarten, wenden Sie optische Hilfsmittel an, verwenden Sie Kreide, Wandtafel usw. und untermauern Sie das Gesagte mit den richtigen Handbewegungen. Lassen Sie auch Ihr Gesicht mitsprechen.

Niemals andere Menschen nachahmen

„Wer andere kopiert, ist nur eine Kopie." Seien Sie immer Sie selbst. Bleiben Sie natürlich und meiden Sie Angabe. Das Publikum wird Sie schätzen und lieben, wenn Sie es nicht scheuen, auch Fehler zu machen und zuzugeben.

Atempausen einplanen

Die meisten Redner sprechen viel zu hastig und zu schnell. Lernen und üben Sie, langsam zu sprechen. Das Publikum wird Ihnen leichter folgen können. Wenn Unruhe im Saal herrscht, nützt oft eine Pause. Üben Sie die Pausentechnik.

Behandeln Sie Zurufe mit Humor

Schwierigen Punkten können Sie begegnen, indem Sie sagen, dass Sie später darauf zurückkommen werden. Humor und Schlagfertigkeit sind sehr wichtig im Leben, dessen sollten wir uns immer bewusst sein.

Gehen Sie vorsichtig mit Witzen um

Wenn Sie überhaupt einen Witz anbringen wollen, dann üben Sie diesen sprachlich ein paarmal vor Ihrem Referat. Besser ist es sicherlich, auf einem Extra-Blatt einige Zitate, gute Beispiele oder humorvolle Anekdoten bereitzuhalten, die Sie, wenn notwendig, in den Vortrag einblenden können, sobald Sie merken, dass Ihre Zuhörer Ihnen nicht mehr genügend lauschen.

Hören Sie immer beim interessantesten Punkt auf

Das ist schwierig – aber es lohnt sich! Der letzte Satz muss sitzen, um den Applaus hervorzulocken. Lernen Sie diesen Satz auswendig. Achtzig Prozent der Redner beherrschen die Technik nicht, mit dem Höhepunkt aufzuhören.

Wie Sie die richtige Lautstärke einsetzen

Die richtige Lautstärke

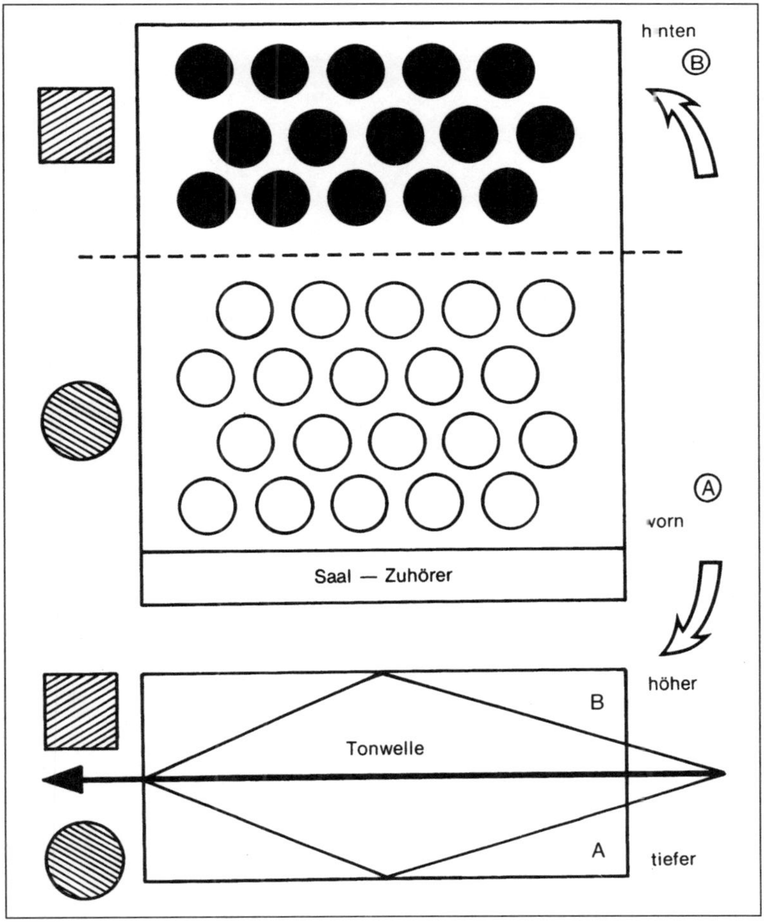

Praxis-Tipp:

Sprechen Sie höher, wenn Sie hinten gehört werden wollen!

Wann die Redner am besten sprechen

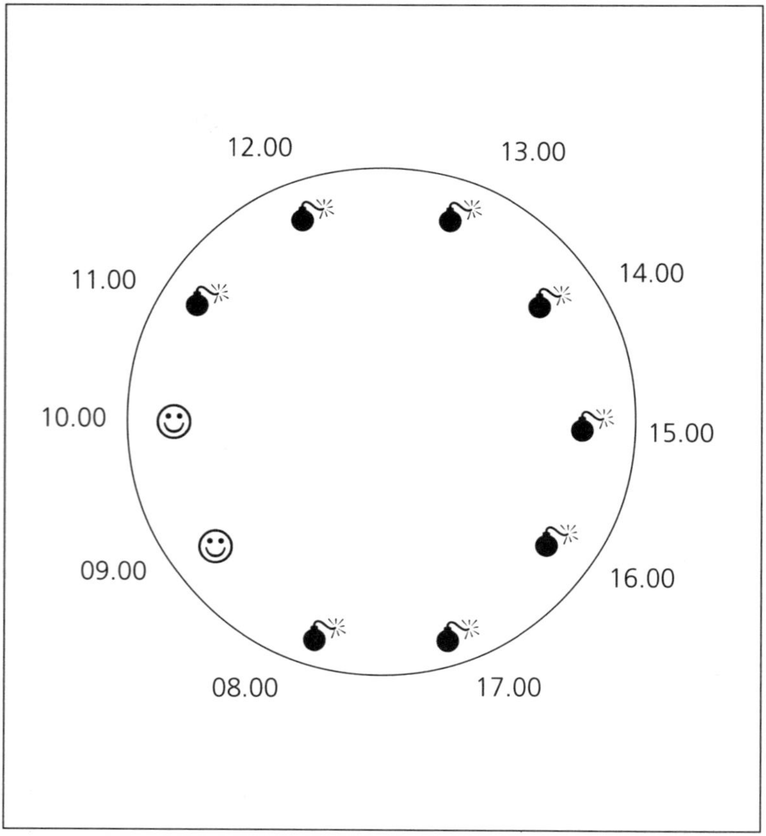

Praxis-Tipp:

Sie haben weniger Lampenfieber und Erwartungsangst, wenn Sie frühzeitig reden können

Erklärung:

08.00 Uhr	💣	■ Noch viel Unruhe im Raum ■ Einige kommen zu spät. ■ Zuhörerspannung
09.00 / 10.00 Uhr	☺	■ Optimale Rednerzeit ■ Sie können die Zuhörer-Reaktion beobachten.
11.00 Uhr	💣	■ Sie haben es „hinter" sich.
12.00 / 13.00 Uhr	💣	■ Mittagessen ■ Sie können mitessen und haben Appetit.
14.00 Uhr	💣	■ Zuhörer satt und ermüdet
15.00 / 16.00 Uhr	💣	■ Kaffeepause / Unruhe
17.00 Uhr	💣	■ Viele Zuhörer wollen schon nach Hause gehen.

„Pleiten, Pech und Pannen“: Wie Sie damit fertig werden

Stecken bleiben und Verlegenheitspausen

Mit folgenden beispielhaften Formulierungen können Sie manche „Klippe umschiffen“:

- Fassen wir kurz zusammen...
- Ich möchte noch einmal und ganz besonders betonen...
- Den letzten Gedanken möchte ich Ihnen noch etwas genauer erläutern...
- Ich wiederhole...
- Nein! Ich möchte es besser formulieren – es noch präziser ausdrücken – es genauer sagen...

Falls Ihnen die Worte fehlen ...

- Hier den richtigen Ausdruck zu finden, ist nicht ganz leicht...
- Ja, wie soll ich es Ihnen genauer sagen...
- Mir fehlt im Augenblick der richtige Ausdruck... aber Sie wissen, was ich meine ...

Mit Zwischenrufen richtig umgehen

- Wollten Sie nichts sagen?
- Ich sehe trotz Ihres Zwischenrufes nicht ein, dass ich mich hier auf eine private Unterhaltung mit Ihnen einlassen soll...
- Ganz Ihrer Meinung, aber ...

Keine Beleidigung gefallen lassen

- Ich hätte von Ihnen eine andere Haltung erwartet...
- Sie verleugnen Ihre Erziehung nicht...

Vorwürfe bestimmt, aber freundlich abwehren

- Ich komme noch darauf zurück...
- Es würde den Rahmen des Vortrages sprengen...

Überraschungstaktik anwenden

- Das ist gerade der Punkt, warum...
- Deswegen rate ich Ihnen...

Umkehrtaktik anwenden

- Gewiss, aber ...
- Sie haben Recht, aber gerade deshalb...

Taktik des Gegenangriffs anwenden

Gegenfragen stellen wie z.B.

- Ist es nicht auch...
- Warum glauben Sie...

Checkliste: Zuhörer-Feedback-Signale

NEGATIV-Signale, die andeuten, dass man nicht ankommt

- Die Zuhörer sind unruhig.
- Die Zuhörer sind unkonzentriert.
- Die Zuhörer unterhalten sich untereinander.
- Die Zuhörer schauen fortwährend auf die Uhr.
- Die Zuhörer spielen mit Gegenständen (Zigarettenschachtel usw.).
- Die Zuhörer schauen aus dem Fenster.
- Die Zuhörer schauen den Nachbarn viel sagend an.
- Die Zuhörer schütteln den Kopf.

POSITIV-Signale, die andeuten, dass man ankommt

- Die Zuhörer schauen Sie freundlich an.
- Die Zuhörer lächeln Sie an.
- Manche Zuhörer nicken mit dem Kopf.
- Die Zuhörer verhalten sich still.
- Die Zuhörer blicken alle nach vorne.
- Die Zuhörer notieren fleißig.
- Die Zuhörer lachen mit.
- Die Zuhörer applaudieren.

Checkliste: Ihr souveräner Redeauftritt

- Seien Sie, bevor die Veranstaltung beginnt, rechtzeitig anwesend zwecks Inspektion.
- Überprüfen Sie die Ausrüstung und Hilfsmittel noch einmal, bevor Sie beginnen. Es erspart Ihnen möglicherweise eine unnötige Blamage.
- Beim Referieren müssen Sie auch von den Zuhörern zu sehen sein.
- Wenn Sie sitzen, vermeiden Sie eine zu legere Haltung.
- Wechseln Sie nur einige Male Ihren Standort. Das Hin und Her macht das Publikum nervös.
- Seien Sie natürlich, locker und entspannt.
- Sorgen Sie immer für genügend Pausen.
- Wenn Sie an der Tafel arbeiten, sprechen Sie nicht zur Tafel hin, sondern sehen Sie Ihre Zuhörer an.
- Überlegen Sie sich vorher, ob Sie die Unterrichtsblätter während des Seminars oder erst zum Schluss verteilen wollen. Wenn Sie sie frühzeitig verteilen, hören Ihnen manche Zuhörer oft nicht konzentriert genug zu.
- Schauen Sie nicht aus dem Fenster, während Sie sprechen.
- Achten Sie immer auf Ihre Körper- und Sitzhaltung. Vermeiden Sie es, Ihre Hände in die Tasche zu stecken, es wirkt leicht überheblich.
- Wenn Sie mit dem Tageslicht-Projektor arbeiten, stehen Sie nicht vor dem Bild, sondern treten Sie zur Seite.
- Wenn Sie richtige Antworten von den Zuhörern erhalten, bestätigen Sie die Richtigkeit und loben Sie die Mitarbeit.

noch: Checkliste: Ihr souveräner Redeauftritt

- Seien Sie aufmerksam, damit Sie nicht einen Menschen unbewusst brüskieren oder bloßstellen. Dies vergisst er Ihnen nicht so schnell!
- Sprechen Sie die Teilnehmer immer mit dem Namen an. Wenn Sie die Namen nicht kennen, dann verwenden Sie bitte Namensschilder.
- Ermitteln Sie einen Gruppenführer und versuchen Sie ihn auf Ihre Seite zu bekommen.
- Verwenden Sie viel Humor, damit Sie eine nette und aufgelockerte Atmosphäre schaffen.
- Vermeiden Sie Sarkasmus, Ironie und Gehässigkeit.
- Lassen Sie die Teilnehmer so viel als möglich agieren und mitarbeiten.
- Reden Sie niemals mit vollem Magen, da Sie sonst nicht ruhig und entspannt durchatmen können und Ihnen im sprichwörtlichen Sinne „die Puste ausgeht".
- Sorgen Sie immer für genügende und richtige Belüftung sowie Beheizung des Raumes.
- Falls Teilnehmer gähnen oder zur Uhr sehen, ist dies immer ein Zeichen dafür, dass Sie nicht interessant genug referieren.
- Arbeiten Sie viel und oft mit der Fragetechnik.
- Loben Sie jeden Beitrag, den Teilnehmer vor der Gruppe oder an der Tafel optimal gelöst haben. Es spornt an und ermutigt.
- Halten Sie sich an die vorgegebene Redezeit und kommen Sie rechtzeitig zum Schluss.

Praxis-Tipp:

Bereiten Sie sich immer gründlich vor und reagieren Sie intuitiv.

Checkliste: Selbstanalyse nach dem Vortrag

	ja	nein
▪ Ist mir ein sicherer Abgang gelungen?	❑	❑
▪ War meine Aktivität ausreichend?	❑	❑
▪ Habe ich zu viel angeboten?	❑	❑
▪ War meine Aussprache deutlich?	❑	❑
▪ Wurden genügend Beispiele gebracht?	❑	❑
▪ Habe ich genügend Blickkontakt gehalten?	❑	❑
▪ War meine Darbietung verständlich?	❑	❑
▪ War mein Einstieg zufrieden stellend?	❑	❑
▪ War meine äußere Erscheinung korrekt?	❑	❑
▪ Habe ich große Fehler begangen?	❑	❑
▪ Habe ich zu viele Fremdwörter verwendet?	❑	❑
▪ Wirkte ich gehemmt?	❑	❑
▪ War die Geschwindigkeit der Aussagenfolge zu groß?	❑	❑
▪ Stimmten meine Gesten/Mimik mit dem gesprochenen Wort überein?	❑	❑
▪ War eine gute Haftwirkung vorhanden?	❑	❑
▪ War der Hauptteil des Vortrags gut gegliedert und aufgebaut?	❑	❑
▪ Habe ich genügend technische Hilfsmittel eingesetzt?	❑	❑
▪ Habe ich genügend neue Informationen geboten?	❑	❑
▪ War der Inhalt meiner Rede informativ?	❑	❑
▪ War meine Körperhaltung in Ordnung?	❑	❑
▪ War meine Lautbildung korrekt?	❑	❑
▪ „Klebte" ich zu sehr am Manuskript?	❑	❑

Die 80 häufigsten Redner-Fehler und -Sünden

7

Beim freien Reden kann man vieles falsch machen. Lesen Sie deshalb bitte folgende Fehlerquellen aufmerksam durch und versuchen Sie, diese möglichst immer zu vermeiden. Die Redner …

… blicken zu unruhig

Einige verstehen es wirklich nicht, den Zuschauern konzentriert in die Augen zu sehen. Ihr Blick schweift hin und her im Raum, zumeist an die Decke und der Redner wirkt dadurch sehr unruhig.

… schaukeln von links nach rechts

Viele wissen gar nicht, dass sie während des Redens eine Schaukelbewegung nach links und rechts haben. Diese Gebärde wirkt einschläfernd.

… lassen die Hände auf dem Pult

Viele Redner marschieren nach vorne, strecken ihre Arme aus und greifen das Rednerpult mit beiden Händen fest an, um es während der ganzen Rede auch nicht wieder loszulassen.

… haben Hände hinter dem Rücken

Schade auch, wenn Redner während des Vortrages sich selbst fesseln, indem sie ihre Hände hinter dem Rücken halten. In Gesprächen mit Rednern habe ich oft zu hören bekommen, dass ihre Eltern ihnen sagten, sie sollten nicht so viel gestikulieren.

... lassen den Körper nach vorne hängen

Alle blicken den Redner an. Sehr oft findet man, dass gerade sehr große Menschen eine schlechte Körperhaltung besitzen, vielleicht deshalb, weil sie versuchen, sich durch eine vorwärts-hängende Haltung kleiner zu machen.

... beugen den Kopf zu sehr nach vorne

Leider bedenken viele Redner nicht, dass Sie während des Vortrages richtig und gerade stehen sollten. Meistens liegt es am Manuskript. Sie haben entweder mit kleinen Schriftzeilen oder mit der Hand geschriebene Manuskripte. Bei der Entfernung kann man dann meist das Manuskript nicht deutlich lesen.

... setzen eine sarkastische Miene auf

Wie viele Redner stehen vor einem Publikum mit verkniffenem Mundausdruck oder sarkastischer Miene. Meist geschieht dies unbewusst.

... lächeln dauernd

Es ist Verlegenheit! Sie lachen fortwährend, auch wo kein Witz oder Lustiges vorhanden ist. Viele können selbst bei entsprechenden Übungen nicht ernst schauen.

... haben einen verkniffenen Mund/Ausdruck

Es sieht aus, als ob sie Schmerzen haben. Hier fehlt es an Lässigkeit.

... halten zu wenig Augenkontakt zum Publikum

Sie schauen beim Sprechen keinen Zuhörer direkt an. Man bemerkt nur eine denkende Miene. Mangelnder Augenkontakt ist auch oft ein Zeichen für Hemmungen. Aber die können überwunden werden.

... schauen oft zur Decke

Viele erwecken den Eindruck, als ob sie auf eine Inspiration von oben warten! Sie scheuen den Augenkontakt.

... blicken mit dumpfen Augen

Sie sind matt, es fehlt das Funkeln der Begeisterung. Augen sind aber bekanntlich der Spiegel der Seele.

... kratzen sich leicht im Gesicht und am Ohr

Vor lauter Verlegenheit kratzen sie sich leicht im Gesicht oder hinter dem Ohr. Das verrät dem Publikum ihre Unsicherheit.

... strecken oft unbewusst die Zunge heraus

Dies kommt allerdings seltener vor, aber dann und wann beobachtet man auch diese Verlegenheits-Geste.

... beißen sich leicht in die Lippen

Vor lauter Nervosität und Anspannung beißen sich viele in die Lippen, ohne es vielleicht selbst zu merken.

... schauen aus dem Fenster hinaus

Komischerweise lenkt das Aus-dem-Fenster-Schauen das Zuhörer-Publikum sehr ab. Die Augen verfolgen die Augen des Sprechers. Ein guter Sprecher sieht sein Publikum an.

... blicken ständig nur in eine Richtung

Viele Redner machen auch den Fehler, dass sie oft nur in eine Richtung der Zuhörer blicken. Sehr oft schauen sie hauptsächlich die Vorgesetzten oder höher gestellte Personen an. Die anderen Zuhörer beobachten es mit sehr viel Missfallen.

... machen ein zu grimmiges Gesicht

Sie stehen vor ihren Zuhörern, verkrampft, verbissen und oft schon mit einem grimmigen Gesicht. Sie ahnen es meist nicht. Etwas Freundlichkeit und ein kleines Lächeln wirkt Wunder.

... nuscheln und sprechen zu undeutlich

70 % der Redner neigen dazu, zu nuscheln, anstatt deutlich, klar, präzise und prägnant zu sprechen. Es fehlt an Übung.

... sprechen oft zu laut oder zu leise

Andere meinen, dass sie ihre Unsicherheit mit lautem Sprechen vertuschen können. Schreiende und laute Menschen kommen meistens nicht gut an.

... sprechen viel zu schnell

Eine hohe Prozentzahl der Sprecher neigt dazu, während des Vortrages zu „rasen". Das Publikum schätzt es immer, wenn ein Referent klar, deutlich und langsam spricht. Die Verständigung ist besser.

... lachen, wo kein Witz ist

Es ist überhaupt sehr schwierig, beim Reden Witze zu machen. Oft kommen sie nicht an. Schlimmer natürlich ist, im Vortrag dort zu lachen, wo überhaupt kein Witz vorhanden ist.

... stehen zu steif und unbeweglich

Ein Redner muss flexibel sein. Er muss während des Sprechens auch werbend mit Mimik und Gestik wirken. Allzu viele stehen zu steif vor ihrem Publikum.

... wirken zu unterwürfig

Wer allzu unterwürfig vor einem Publikum steht, fällt schnell in Misskredit und wirkt unglaubwürdig.

... treten auf wie der „Alleswisser"

Bescheidene Redner kommen meistens am besten an. Der Super-Selbstsichere und Alleswisser stößt schnell auf Opposition, da er allzu oft zu arrogant wirkt.

... hämmern fortwährend auf das Pult

Dieser Redner-Typ ist sehr amüsant, weil er entweder mit der rechten oder linken Hand fortwährend auf das Pult hämmert. Es wirkt sehr lustig und wird irgendwann nicht mehr ernst genommen.

... halten sich ständig am Rednerpult fest

Es gibt kein gutes Bild ab, wenn der Sprecher sich dauernd am Rednerpult festhält. Besser ist es, das Manuskript darauf zu legen und einen halben Schritt zurückzutreten.

... spielen mit der Manschette

Auch der Manschettenknopf wird während des Sprechens ständig hin und her bewegt. Auch dies ist eine Verlegenheitsgeste, die das Publikum ablenkt.

... spielen mit dem Schlips

Einige Redner spielen fortwährend mit dem Schlips, und das Publikum kann dabei leicht nervös werden.

... haben die Hände in der Hosentasche

Es ist dem Publikum gegenüber respektlos, beide Hände während des Sprechens in die Hosentaschen zu stecken. Manche Redner stecken die rechte Hand kurz in ihre Hosentasche hinein; sicher ist dies noch akzeptabel.

… sagen zu häufig „ähh"

Es ist eine Denkpause und dann und wann auch gestattet. Allerdings neigen viele dazu, es dauernd zu sagen, und dies hat dann zur Folge, dass die Zuhörer anfangen zu zählen.

… lassen ihre Stimme nicht modulieren

Sie sprechen eintönig, immer auf einer Wellenlänge. Es wirkt einschläfernd. Gute Redner modulieren ihre Stimmen.

… bringen ihre Stimme nicht im Einklang mit dem Körper

In vielen Seminaren konnten wir feststellen, dass Redner oft Stimm-Probleme hatten: ein großer Mensch mit schwacher Stimme oder kleine Menschen mit sehr tiefer, lauter Stimme. Probleme mit der Stimme können durch Sprechübungen (siehe Seite 132 ff.) behoben werden.

… sind nicht ansprechend

Sie sehen klotzig, unbeholfen, tollpatschig aus, anstatt ansprechend, flott und sicher zu wirken.

… sind zu wenig ernst

Der Witzbold versucht seine gemischten Zuhörer durch eine witzige Art zu fesseln. Sehr oft stößt er auf Widerwillen mit seiner allzu burschikosen Art.

... wirken zu gehemmt

Der zu gehemmte Redner sollte auf jeden Fall einen Rhetorik-Kurs besuchen, um seine Hemmungen zu meistern.

... haben zu viel innere Unruhe

Viele Redner zeigen nach außen hin zwar eine gekonnte Ruhe, sind aber innerlich wie Rennpferde. Äußere und innere Ruhe müssen in Einklang gebracht werden.

... zeigen eine desinteressierte Vortragsweise

Sie zeigen, dass sie gelangweilt sind, respektieren ihre Zuhörer nicht. Es fehlt an Schwung und Begeisterung.

... verlieren den „roten Faden"

Zuhörer schätzen es immer, wenn der Redner sich bemüht, einen „roten Faden" durch seinen Vortrag zu haben. Sie merken sehr schnell und bald, wenn der Redner abschweift und den „Faden verliert".

... verwenden zu viele Fremdwörter

Manche meinen, dass sie besonders klug und intelligent wirken, wenn sie viele Fremdwörter in ihrem Vortrag verwenden. Dies erzeugt oft Widerwillen, und die Zuhörer sagen: Kann er nicht ein deutsches Wort dafür verwenden? Noch schlimmer ist es, wenn der Referent die Fremdwörter falsch einsetzt.

… sprechen allzu oft in „Bandwurmsätzen"

Manche Redner komplizieren sich das Reden selbst durch ihre langen Sätze. Sie hätten es viel leichter, wenn sie kurze und prägnante Aussagen verwenden würden. Auch stimmlich ist die Darbietung dann leichter.

… halten die Hände falsch

Ungeübte Redner haben große Schwierigkeiten mit ihren Händen. Sie haben es noch nicht gelernt, diese neben dem Körper einfach hängen zu lassen.

… zeigen zu wenig Gesichtsausdruck

Der Gesichtsausdruck ist ein sehr wichtiges rhetorisches Hilfsmittel bei der Beeinflussung des Publikums. Leider machen allzu wenige davon Gebrauch.

… besitzen zu wenig Gestik

Auch die Untermalung vom Gesagten mit Handbewegungen ist sehr wichtig, um die Bedeutung zu unterstreichen. Viele nutzen diese Möglichkeit zu wenig. Es kann sehr leicht im Training geübt werden.

… kleiden sich unpassend

Die Kleidung des Referenten sollte zur Angelegenheit und zum Thema passen. Ferner soll er das Publikum berücksichtigen. Es gibt hierfür keine goldene Regel. Andererseits ist es auch nicht so schwierig, einen Mittelweg zu finden.

… haben ein zu langes Manuskript

Viele Referenten erarbeiten zu viel Text für die vorgesehene Zeit. Deshalb sind sie dann gezwungen, beim Reden zu „jagen", nur um durchzukommen. Dies ist ein großer Fehler, denn oft ist weniger mehr.

… verbreiten sehr viel Unruhe beim Reden

Manche Redner sind einfach zu unruhig beim Reden. Dies überträgt sich sehr schnell auf das Publikum.

… lassen es an konkreten Beispielen im Referat fehlen

Es wird zu viel Theorie geboten, anstatt konkrete Beispiele aus eigener Erfahrung und Praxis zu bringen. Zuhörer wollen Beispiele.

… haben eine falsche Tonlage

Ein Redner sollte sich stimmlich auf die Größe des Raumes und auf die Anzahl der Menschen im Saal einstellen. Es hat auch wenig Sinn, zu tief oder zu hoch zu sprechen. Gegebenenfalls sollte man mit einem Mikrofon sprechen.

… achten zu wenig auf einen guten Anfang oder Schluss

Der Anfang und das Ende eines Vortrages sind von ausschlaggebender Bedeutung. Ein guter Referent lernt diese Sätze auswendig.

... weichen vom Thema ab

Manche Referenten sind so von ihrem eigenen Ideengut beseelt, dass sie leicht während des Vortrages vom Thema abschweifen. Es ist immer klug, die wichtigsten Vortragspunkte schriftlich auf einer Tafel oder einem Transparent festzulegen und beim Abhandeln abzuhaken.

... erkennen Müdigkeitserscheinungen nicht frühzeitig genug

Sie reden und reden, und das Publikum wird unruhig, es bewegt sich in den Stühlen und wünscht sich das baldige Ende des Vortrages sehnlichst herbei. Hier sollte ein guter Redner schnellstens kürzen und nur noch das Wichtigste bringen. Das Zuviel bringt ihm nur Nachteile ein.

... lassen sich durch Zurufe stören

Ein guter Referent und Vortragskünstler muss eine gewisse Schlagfertigkeit besitzen, um negativen Äußerungen aus Kreisen des Publikums kontern zu können.

... machen zu wenige Pausen

Brillante Redner sind Meister der Pausentechnik. Pausen helfen einem, richtig zu atmen und vor allen Dingen die Sätze richtig zu betonen. Deshalb sollten sie in genügendem Maße eingebaut werden.

... lassen den Humor fehlen

Teilnehmer wollen sich auch entspannen können, und hier ist Humor eine gute Hilfe. Viele Redner sind viel zu ernst und verstehen es überhaupt nicht, ihre Zuhörer richtig zu motivieren.

... blättern die Manuskriptseiten zu laut um

Es wirkt sehr störend, wenn die Zuhörer das dauernde Umblättern des Manuskriptes sehen und hören müssen. Gute Redner machen dies unauffällig.

... verwenden zu wenig rhetorische Fragen

Gute Redner arbeiten mit der Fragetechnik. Sie verstehen es, den Zuhörer zum Denken zu bringen.

... lesen fast nur ab

Zuhörer möchten persönlich durch Augenkontakt angesprochen werden und verabscheuen es, wenn ein Redner sein Manuskript vorliest. Sie sagen mit Recht: „Er braucht es uns nicht vorzutragen, wenn er es uns schriftlich gibt!"

... zeigen keine Ungezwungenheit beim Steckenbleiben

Sie zeigen dem Publikum direkt, dass sie stecken geblieben sind und wirken verkrampft und unsicher, anstatt gekonnt auf ein neues Thema umzuschwenken oder kurz das Gesagte zu wiederholen.

... treten zu leger auf

Sie diskreditieren ihr Publikum, wenn sie zu leger und lässig auftreten. Ein Publikum erwartet einen gewissen Respekt.

... bereiten sich zu wenig vor

Sie glauben, sie können den Vortrag aus dem Ärmel schütteln. Sie beginnen zu spät, aber hinter dem Rednerpult fallen ihnen dann bestimmt nicht die richtigen Gedanken ein. Sie trauen sich Themen zu, die sie nicht beherrschen. Vielleicht aus Angst, vielleicht auch aus Unkenntnis oder der Unfähigkeit heraus, „nein" sagen zu können. So werden sie verleitet, Themen und Reden anzunehmen, die sie im Endeffekt nicht beherrschen.

... informieren sich nicht rechtzeitig über ihr Publikum

Ein guter Redner macht sich die Mühe, vor Beginn seines Referates mehr über sein Publikum in Erfahrung zu bringen. Nur so kann er personen- und themenspezifisch referieren. Die Zuhörer schätzen die persönliche Ansprache.

... stellen sich falsch und unpersönlich vor

Entweder sie sind sehr überheblich bei der Eigenvorstellung oder unterwürfig und lückenhaft im anderen Falle. Eine Vorstellung sollte mit dem richtigen Maß der Bescheidenheit vonstatten gehen.

... eilen zu schnell nach vorne

Kluge Redner knöpfen ihre Jacke erst zu und gehen dann langsam und bedächtig nach vorne, um gleich einen gewissen Respekt zu gewinnen. Der unerfahrene Redner geht viel zu schnell nach vorne, ist unruhig und beginnt hastig.

… zeigen mangelnde Begeisterung

Ein guter Redner ist voller Dynamik und Begeisterung. Er versteht es, seine Zuhörer zu fesseln und mitzureißen.

… beginnen mit einer Entschuldigung

Leider beginnen sehr viele Referenten mit einer Entschuldigung. Sie ahnen nicht, dass ihnen dies überhaupt nichts hilft. Die Reaktion bleibt: Warum spricht er dann überhaupt? Kluge Referenten überspielen eine anfängliche Schwäche.

… halten sich nicht ans Thema

Es ist eine Unverschämtheit, wenn ein Redner sich nicht ans Thema hält und einfach daran vorbeiredet. Es ist seine Pflicht, auf das Thema zu achten. Die meisten Menschen besitzen zu wenig Sitzfleisch, deshalb sollte man ihre Geduld nicht unnötig mit langen Vorträgen strapazieren. Viele sind auch noch so naiv zu glauben, dass ihnen die Zuhörer gerne lange zuhören.

… stellen den Zuhörern keine Zwischenfragen

Kluge Referenten sind Meister im Fragen. Sie nützen die Gelegenheit, ein oder zwei Zuhörer direkt und persönlich anzusprechen, um dadurch die Darbietung etwas aufzulockern.

… beginnen schon zu sprechen, während noch Lärm herrscht

Sie fangen zu sprechen an, während sich die Zuhörer im Raum noch unterhalten. Dadurch gehen den anderen wichtige Sätze verloren. Ein guter Anfang geht so völlig unter.

... haben nur mangelnde Hilfsmittel parat

Sie wollen an der Tafel oder Flip-Chart schreiben und stellen plötzlich fest, dass sie kein Schreibmaterial haben. Diese Dinge muss ein Redner vorher alle genau überprüfen.

... machen Witze auf Kosten anderer.

Gute Redner verstehen es, Witze auf eigene Kosten zu machen – nicht auf Kosten anderer! Es ist ein Zeichen von Größe!

... übergehen Fragen

Es ist immer ein Zeichen von Schwäche, wenn ein Referent direkte Fragen übergeht und nicht behandelt. Es ist ein schwacher Trost, wenn ein Redner sagt, dass er die Fragen später behandeln wird. Später werden sie nie mehr behandelt!

... kopieren andere Redner

Wer andere kopiert, wird nur selbst eine Kopie sein. Es ist besser, seine eigene Persönlichkeit und seinen eigenen Redestil zu entwickeln.

... nützen die Vorteile kleiner Kärtchen nicht aus

Eine der besten Methoden, Notizen für Reden zu fixieren, ist, sie auf kleine Kärtchen zu schreiben. Diese hält man dann in der Hand und nach ihrer Abhandlung legt man sie dann unauffällig nach hinten.

... zitieren falsch

Zitate werden schnell vorgetragen, müssen aber im Wortlaut unbedingt stimmen. Deshalb sollten sie lieber vorher aufgeschrieben werden (Quelle mit angeben).

... haben schlechte Angewohnheiten

Sie fassen sich während des Sprechens dauernd an die Nase oder andere Gesichtspartien. Die ständige Wiederholung stört den Zuhörer sehr.

... verstehen es nicht, ihren Vortrag mit dem Höhepunkt zu beenden

Sie reden immer weiter, weil sie glauben, dass sie gefallen haben. Klugerweise sollten Sie mit dem Höhepunkt enden, um einen entsprechenden Applaus zu ernten.

... wirken nicht ausgeschlafen

Viele Redner machen den Fehler, dass sie abends noch spät aufbleiben, mit der Gruppe trinken und sich unterhalten. Ein müder Redner wird aber niemals seine Zuhörer mitreißen können. Ein Redner hat einfach die Pflicht, fit und in guter Form zu sein. Also nicht seine Stärke am Biertisch beweisen wollen, am Rednerpult stark zu sein, bringt mehr ein.

... kommen nicht zum Abschluss

Es kommt häufig vor, dass sie sagen: „Ich komme jetzt zum Schluss" und sprechen trotzdem noch weiter und weiter. Dies verärgert die Zuhörer.

... halten die Begrüßungsworte selbst

Lassen Sie sich wenn möglich durch einen Sprecher, den Gastgeber oder den Hausherrn vorstellen. Zur Eröffnung sollte die Begrüßungsworte immer der Veranstalter halten – nicht der Referent. Nur wenn der Veranstalter nicht anwesend sein sollte, kann die Begrüßungsworte der Referent halten.

Rede- und Rhetorik-Training

8

Sprechübungen: Klares Artikulieren

Nachstehend finden Sie eine Reihe von Schnellsprechsätzen, die Sie teilweise sicherlich noch aus Ihrer Schulzeit kennen. Diese sollten von Zeit zu Zeit – als Sprechübungstraining – laut und deutlich vorgelesen werden.

- Blaukraut bleibt Blaukraut und Brautkleid bleibt Brautkleid
- Der Zweck hat den Zweck, den Zweck zu bezwecken; wenn der Zweck seinen Zweck nicht bezweckt, hat der Zweck keinen Zweck.
- Die Katze tritt die Treppe krumm, die Treppe tritt die Katze krumm.
- Es saßen zwei zischende Schlangen zwischen zwei spitzen Steinen und zischten sich zuweilen an.
- Esel essen Nesseln gern, Nesseln essen Esel gern.
- Nachbars Hund heißt Kunterbunt, Kunterbunt heißt Nachbars Hund.
- Thomas trank tausend Tassen Tee, tausend Tassen Tee trank Thomas.
- Wir Wiener Waschweiber würden weiße Wäsche waschen, wenn wir wüssten, wo warmes Wasser wäre.

Lesen Sie folgende Buchstabenkombinationen laut und deutlich an:

A	AA	W	AI	AO	AU
B	BA	BE	BI	BO	BU
C	CA	CE	CI	CO	CU
D	DA	DE	DI	DO	DU
F	FA	FE	FI	FO	FU
G	GA	GE	GI	GO	GU
H	HA	HE	HI	HO	HU
J	JA	JE	JI	JO	JU
K	KA	KE	KI	KO	KU
L	LA	LE	LI	LO	LU
M	MA	ME	MI	MO	MU
N	NA	NE	NI	NO	NU
P	PA	PE	PI	PO	PU
R	RA	RE	RI	RO	RU
S	SA	SE	SI	SO	SU
T	TA	TE	TI	TO	TU
V	VA	VE	VI	VO	VU
W	WA	WE	WI	WO	WU
Y	YA	YE	YI	YO	YU
Z	ZA	ZE	ZI	ZO	ZU

Vorlesetechnik

Erstaunlich viele Menschen können einen Text nicht optimal vorlesen. Es ist meistens nur eine Frage der mangelnden Übung. Hier einige Ratschläge:

- Nehmen Sie sich vor, künftig verschiedene Texte laut vorzulesen.
- Markieren Sie die wichtigsten Stellen, die einer Hervorhebung der Betonung bedürfen.
- Machen Sie einige kurze Atemübungen, bevor Sie beginnen.
- Versuchen Sie mit dieser Übung irgendwo allein zu sein, z. B. im Zimmer, im Auto oder im Wald.

Übungen: Körpersprache, Gestik und Mimik richtig einsetzen

Es folgen einige Sätze, die Sie mit gesteigerter Mimik und Gestik, d. h. Gesichtsausdruck und mit der Bewegung der Hände, zwecks Unterstreichung der gesagten Wörter durchführen können. Bitte übertreiben Sie ein klein wenig. Betonen Sie die einzelnen Wörter richtig.

Beachten Sie Höhen und Tiefen und vermeiden Sie eine monotone Ausdrucksweise. Wenn möglich, beobachten Sie sich vor einem großen Spiegel oder zeichnen Sie mittels Videokamera auf.

- Sie sind alle herzlich willkommen!

Wenn sie das Wort „Sie" aussprechen, müssen Sie auch Ihre Zuhörer links und rechts ansehen. Es ist wichtig, das Wort „alle" richtig zu betonen und die Aussage „herzlich willkommen" muss auch mit der entsprechenden Wärme ausgesprochen werden.

- Bitte machen Sie alle mit!

Nach dem Wort „Bitte" soll man eine kleine Pause einbauen. Eventuell kann man beim Sprechen mit ausgestreckten Händen die Zuhörer ansprechen.

- Sie werden so richtig begeistert sein!

Es versteht sich von selbst, dass man diesen Satz auch mit Begeisterung aussprechen muss. Die Aussage muss freudig und mit Temperament vorgebracht werden. Auch eine Betonung des Wortes „richtig" ist wichtig.

- Sie müssen heute Freude ausstrahlen!

Auch hier versteht es sich von selbst, dass man mit heiterem Gesichtsausdruck sprechen muss. Sonst ist die Aussage nur eine Farce. Ihre Augen müssen dabei funkeln. Es ist alles eine Übungssache.

- Heute ist unser schönster Tag – morgen wird er noch besser!

Das Wort „heute" muss richtig betont werden, um glaubwürdig zu wirken. Das Wort „schönste" muss etwas in die Länge gezogen sein und bei „morgen wird es noch besser" ist es wichtig, einen gewissen Steigerungseffekt hineinzubringen. Sagen Sie diesen Satz täglich morgens früh beim Waschen, und es wird Ihnen wirklich besser gehen!

- Ja, glauben Sie mir, wir müssen Optimisten sein!

Schon das Wort „ja" muss man in verschiedener Weise aussprechen. Das Wort „Optimisten" muss besonders betont sein, um glaubwürdig zu wirken.

- Lachen und Seligsein sind des Lebens Sonnenschein!

Dies muss ein klein wenig mit Schmunzelmiene gesagt werden, und man muss auch auf Ihrem Gesicht Sonnenschein spüren können.

- Machen Sie alle mit!

Es muss besonders gekonnt sein, weil man hier die Zuhörer auffordert, sich an etwas zu beteiligen. Die Stimme muss am Ende in die Höhe gehen.

- Sie, mein Herr, auch!

Diese Aufforderung kann man mit der Handbewegung untermalen. Sie muss ein klein wenig im Befehlston gesagt werden.

- Wunderbar ist eine Kuh mit Pferdehaar!

Auch hier haben wir einen Satz, der schmunzelnd gesagt werden muss. Das Wort „wunderbar" muss auch besonders betont werden.

Natürliches Verhalten

- Das ist mir egal .... Hand nach unten
- Immer geradeaus .... Hand über den Kopf nach vorne
- Wie bitte, mein Herr? .... Hand zum Ohr halten
- So oder so? .... Beide Hände als Vergleich
- Auf Wiedersehen .... Freundlich winken
- Lachen ist gesund .... Freundlich lachen
- Halt, wer kommt da? .... Geheimnisvoll
- Ich habe 500 DM .... Hand nach oben, fröhlich ausdrücken
- Ich habe nur 50 DM .... Negativ ausdrücken

Mit geballter Kraft	Fäuste ballen
Nein, nein, das geht nicht!	Auf den Tisch schlagen
Ach was?	Interessiert fragen
Meins bleibt meins, und deins bleibt deins	Hände zum Körper und vom Körper weg
...dann drückte ich auf die Klingel	Mit Daumen Vorwärtsbewegung
Ein Mann mit Bart	Hand zum Kinn, unterziehen
Das schmeckt wirklich prima	Hand hoch, Zeigefinger und Daumen
Hallo, wer kommt denn da?	Neugierig schauen
Das bin ich nicht gewesen!	Zum Körper energisch sprechen
Sie trug viele Brillanten an ihren Fingern	Mit rechter Hand auf linke Hand zeigen
So machte der Pelikan seinen Schnabel auf	Arme seitlich ausstrecken, V-Stellung
Sie trugen alle Brillen	Mit zwei Fingern Kreis, zu den Augen führen
Ein dreifaches Helau!	Mit Begeisterung Hände nach oben
Das mag ich nicht!	Negativer Gesichtsausdruck – Hand nach unten
Der Mann ist unser As	Auf jemanden zeigen
Man muss Spaß an der Freude haben	Mimik, Gestik, fröhliche Handbewegungen

Übung: Ausdrucksvolles Betonen

Bitte betonen Sie beim lauten Lesen die fetten Worte besonders.

Meine Damen und Herren!

Drei **Zigeuner** fand ich einmal – liegen an einer **Weide**, – als mein Fuhrwerk mit **müder** Qual – schlich durch die **unendliche** Heide.

Hielt der **Eine** – für sich allein in den Händen die **Fiedel**, – spielte, – **umglüht** vom Abendschein, – sich ein **feuriges** Liedel.

Hielt der **Zweite** – die **Pfeif´** im Mund, – blickte nach seinem Rauche, – **froh**, – als ob er vom Erdenrund – **nichts** zum Glück mehr brauchte.

Und der **Dritte** – **behaglich** schlief **und** – sein Zimbal am Baum hing; – über die Saiten ein **Windhauch** lief, – über sein **Herz** ein Traum ging.

An den **Kleidern** trugen die Drei – **Löcher** und – **bunte** Flicken, **aber** – sie boten **trotzig**, – **frei** – **Spott** den Erdengeschicken.

Nach den Zigeunern **lang'** noch schau'n – **musst** ich im Weiterfahren; – nach den Gesichtern **dunkelbraun**, – den **schwarzlockigen** Haaren.

Dreifach haben sie mir gezeigt, – wenn das Leben uns **nachtet**; – wie man's **verschläft,** – **verraucht**, – **vergeigt und** – es **dreimal** – **verachtet.**

Quelle: Fromm Schule für Rede und Erfolg, Hamburg

Schlagfertigkeits-Training

Bitte lesen Sie die Sätze laut vor und ergänzen Sie sie sofort mit Ihren eigenen Gedanken.

Beispiel:

Ich bin nicht imstande, dem Kunden.... (Antwort: sofort eine Antwort zu geben, da mir die Information fehlt).

- Jeder Anfang ist schwer, deshalb sollte man versuchen ...
- Auf einmal hörte ich einen Knall und dann ...
- Viele Menschen hören heute deshalb nicht zu, weil ...
- Zufriedene Kunden sind unser Ziel, deshalb ...
- Kundeneinwände sollte man möglichst ...
- So motiviere ich mich täglich, bevor ich zur Arbeit gehe ...
- Bei einem Plauderer kann es Ihnen passieren, dass ...
- Es gibt zwei Gruppen von Menschen ...
- Jeder, der genau arbeitet, vermeidet ...
- Jeder Mensch sollte ...
- Reklamationen sollte man immer ...
- Bevor ich telefoniere, versuche ich immer ...
- Von einer Führungskraft erwarte ich ...
- Wenn man ein gutes Betriebsklima schaffen will, sollte man ...
- Ein guter Rhetoriker wird immer darauf achten, dass ...
- Die Uhr schlug zwölf und dann ...
- Ich ging zum Telefon und hörte ...

- Gestik und Mimik sind deshalb so wichtig, weil …
- Der beste Rat, den ich erhalten habe, ist …
- Wenn Sie beim Vortrag „stecken bleiben", versuchen Sie …
- Bei der Konferenz haben wir …
- Reden lernt man durch Üben, deshalb sollte man …
- Mein Freund erklärte mir, wie man …
- Erfolg bringt …

Formulierungs-Training

	ja	nein	evtl.
Immer …	❑	❑	❑
Hervorragend (Superlativ)	❑	❑	❑
Sie müssen …	❑	❑	❑
So ein Quatsch!	❑	❑	❑
Ist doch klar!	❑	❑	❑
Das gibt es nicht.	❑	❑	❑
Das kann nicht sein.	❑	❑	❑
Das ist unmöglich.	❑	❑	❑
Wie läuft´s Geschäft?	❑	❑	❑
Begreifen Sie das nicht?	❑	❑	❑
Das sehen Sie völlig falsch.	❑	❑	❑

	ja	nein	evtl.
Ich würde meinen ... (Papierdeutsch)	❑	❑	❑
Glauben Sie das etwa nicht?	❑	❑	❑
Alle sagen ...	❑	❑	❑
Alle tun ...	❑	❑	❑
Alle machen es so.	❑	❑	❑
Haben Sie das verstanden?	❑	❑	❑
Das ist wohl nicht Ihr Ernst!	❑	❑	❑
Darin sind Sie doch Laie.	❑	❑	❑
Woher wollen Sie das wissen?	❑	❑	❑
Ich will Ihnen was sagen ...	❑	❑	❑
Das muss ich besser wissen.	❑	❑	❑
Dafür kann ich doch nichts.	❑	❑	❑
Das habe ich Ihnen doch vorher gesagt.	❑	❑	❑
Muss ich Ihnen das noch einmal sagen?	❑	❑	❑
Haben Sie immer noch nicht verstanden?	❑	❑	❑
Versteht sich doch von selbst.	❑	❑	❑
Haben Sie das nicht gewusst?	❑	❑	❑
Ich weiß nicht, was Sie sagen wollen.	❑	❑	❑
Einen wunderschönen guten Morgen! (übertrieben)	❑	❑	❑
Sie haben mich völlig falsch verstanden.	❑	❑	❑
Das glaube ich Ihnen nicht.	❑	❑	❑

	ja	nein	evtl.
Das stimmt nicht, was Sie sagen.	❑	❑	❑
Dafür sind Sie nicht kompetent genug.	❑	❑	❑
Wir sind besser als der Wettbewerb.	❑	❑	❑
Da sind Sie nicht richtig informiert.	❑	❑	❑
Man muss ja mit der Zeit gehen.	❑	❑	❑
Das können Sie mir nicht sagen.	❑	❑	❑
Dafür bin ich nicht zuständig.	❑	❑	❑
Jetzt kommen Sie mal zur Sache.	❑	❑	❑
Das sehen Sie doch sicher ein?	❑	❑	❑
Was glauben Sie wer Sie sind?	❑	❑	❑
Sie unterliegen einem Trugschluss.	❑	❑	❑
Ich als Fachmann kann es Ihnen beweisen.	❑	❑	❑
Das können Sie grundsätzlich nicht.	❑	❑	❑
Lassen Sie mich doch erst einmal meinen Vorschlag zeigen.	❑	❑	❑

Besser formulieren

- Bedenken Sie immer: ein „abgeschossener" Pfeil kehrt nie zurück.
- Auch wenn Sie sich entschuldigen, können Sie das Gesagte nicht revidieren.
- Deshalb bedenken Sie immer: erst denken, gedanklich formulieren und dann erst sprechen.
- Vermeiden Sie „Zündstoff"-Formulierungen wie:

  – Ja aber .... – Das kann nicht sein ....

  – Stimmt nicht .... – Passen Sie mal auf ....

  – Ich bin da anderer Meinung ....
- Führen Sie einen PE-Test durch – Negativ-Formulierungs-Liste (siehe Seite 140 ff.)
- Schreiben Sie und verwenden Sie Positiv-Formulierungen auf, wie z.B.

  – Ich kann Sie gut verstehen ....

  – Ich denke ähnlich wie Sie ....

  – Ein interessanter Gedanke .....

  – Es war richtig, dass Sie angerufen haben ....
- Wenn Sie reden und sprechen, beobachten Sie durch Blickkontakt immer, wie Ihre Aussagen und Ausführungen beim Gesprächspartner „ankommen".
- Halten Sie Ihre Sätze kurz – gehen Sie mit Ihrer Stimme beim Satzende nicht nach oben, sondern nach unten.

- Achten Sie unbedingt auf kurze Pausen zwischen Ihren Sätzen.
- Denken Sie an die Formel: Weniger reden, mehr zeigen
- Top-Regel: Vermeiden Sie Streit, vermeiden Sie Gespräche über Politik und Religion – dies führt nur zu Dissonanz.
- Formulieren Sie freundlich und entgegenkommend.
- Nutzen Sie Formulierungen wie

  – Selbstverständlich ....

  – Gerne ....

  – Ich erledige dies sofort ....

  – Ich werde mich persönlich darum kümmern ....

  – Es war eine Freude, mit Ihnen zu sprechen ....

  – Sie können jederzeit anrufen ....

  – Ich bin immer für Sie da ....

Trainingsprogramm: Stegreifreden

Stegreifreden fördern die Schlagfertigkeit. Diese können überall an Ort und Stelle durchgeführt werden.

Zu Hause

Am Frühstückstisch nennt ein Familienmitglied ein Thema, beispielsweise: Lampe, Bild, Schlüssel, Haus, Camping usw. Der andere soll dann einen Zwei-Minuten-Minivortrag halten. Solche „Spielereien" bringen Spaß und halten die Familie zusammen.

Im Auto

Ein ausgezeichneter Zeitvertreib, besonders bei langen Strecken. Nur der Fahrer sollte lieber nicht mitmachen. Auch hier werden Gegenstände genannt, beispielsweise Mercedes, Urlaubstage, See, Vorteile des Campings usw.

Bei Seminaren

Alle Teilnehmer stehen auf und bilden zwei Reihen im Raum. Die gegenüberstehenden Teilnehmer nennen den anderen Gegenstände. Ein „Timekeeper" kontrolliert die abgemachte Zeit. Es werden Punkte verteilt. Es macht viel Spaß und ist eine exzellente Übung für geistige Schnelligkeit und Flexibilität.

Drei-Wort-Paare

Sie müssen versuchen, in einem Zeitraum von zwei Minuten aus folgenden Wörtern einen Kurzvortrag zu halten. Es kommt darauf an, die Kurzgeschichte mit Originalität, Humor und Brillanz zu spicken.

- Jaguar
Meer
Karl der Große
- Stern
Pferd
Gewissen
- Sonne
Monarchie
Tausenfüßler
- Vogel
Rasierwasser
Atom
- Schiff
Wüste
Maulwurf
- Tisch
Mond
Sand
- Fisch
Fenster
Bett
- Lehrgang
Praxis
Reklamation
- Überstunden
Leistung
Gehalt

- Baum
  Regen
  Wespe
- Hund
  Walfisch
  Bantu-Häuptling
- Chef
  Mittagessen
  Konferenz
- Kollegin/Kollege
  Telefon
  Kunde
- Anerkennung
  Geschäftsführung
  Betriebsfeier

Übung: Redeplan aufstellen

Das folgende Schema hat sich in der Praxis sehr bewährt. Sie haben damit auf einen Blick die wichtigsten inhaltlichen Punkte jederzeit zur Verfügung.

Geburtstagsrede als Beispiel

	REDEPLAN		
GEBURTSTAGSREDE:			
Einleitung	1	Liebe(r) Name	
	2	Freude	
	3	Geburtstagsgrüße	
Mitte	4	gestern	
	5	heute	
	6	morgen	
	7	Familie	
Schluss	8	Gesundheit	
	9	Erfolg	
	10	Freude	
	11	Zitat	
	12	Prost	

Die Rede-Vortrag-Kombimethode

Hier sehen Sie ein Vortragskonzept zum Thema „Der Ursprung der großen Ölgesellschaften".

Auf der linken Seite stehen jeweils die wichtigsten Aussagen, die dem Referenten die Möglichkeit geben, sich nur anhand eines ganz kurzen Blickes auf das Manuskript zu orientieren. Auf der rechten Seite sind Passagen ausformuliert, zum Ablesen, falls Bedarf dafür vorhanden ist. Auch diese Konzeptform hat sich in der Praxis außerordentlich gut bewährt.

Konzept

Vortrag: der Ursprung der großen Ölgesellschaften

A	**B**
Beginn 1859 erste Bohrung Titusville in Pennsylvanien von Edwin L. Drake	Der Beginn der Mineralölindustrie wird allgemein in das Jahr 1859 gelegt, als Edwin L. Drake seine erfolgreiche Bohrung bei Titusville in Pennsylvanien niedergebracht hatte. Sie führte zur Entdeckung des ersten größeren Ölfeldes.
Es gab genug Nachahmer.	Alle Welt wollte es ihm nachmachen. Produktions- und Verarbeitungsgesellschaften schossen aus dem Boden, oft genug Einmanngruppen.

Einziges Produkt aus Erdöl „Petroleum"	Knappheit und plötzlicher Überfluss charakterisierten in schnellem Wandel den Handel mit Petroleum, das damals das einzige interessante Produkt darstellte.
Stabilisierung durch John D. Rockefeller	Die Prospektoren entdeckten ständig neue Ölfelder, doch viele waren auch rasch erschöpft. Die junge Ölindustrie brauchte dringend ein stabilisierendes Element, das in Gestalt von John D. Rockefeller erschien.
J. D. R. handelte während des amerikanischen Bürgerkrieges erfolgreich mit Nahrungsmitteln und Kleidern.	Rockefeller hatte 1859 als Handelsvertreter seine selbstständige geschäftliche Laufbahn begonnen. Er handelte während des amerikanischen Bürgerkrieges erfolgreich mit Nahrungsmitteln und Kleidung und expandierte bald auch in Petroleum.
Rockefeller gründete mit Morris Clark Raffineriegesellschaft 1863. Experte: S. Andrews	Mit seinem Partner Morris Clark gründete er 1863 eine Raffineriegesellschaft, zu der auch Samuel Andrews gehörte. Andrews war damals dafür berühmt,

	dass er aus einer Tonne Erdöl mehr Petroleum herausholte als irgendjemand sonst in der Industrie.
Rockefeller nahm Geld auf und kaufte Anteile von Clark auf.	Die Raffinerie florierte. R. war bereit, Geld für starke Expansion aufzunehmen.

Zitatideen für Rede, Gespräch und Vortrag

- Nicht wir geben den Gedanken Audienz, sondern die Gedanken geben uns Audienz. (Nietzsche)
- Es gibt nichts Wichtigeres auf der Welt, als die Menschen zum Nachdenken zu bringen. (Graff)
- Du kannst von dem, was du nicht fühlst, nicht reden. (Shakespeare)
- Es ist nicht genug zu wissen, man muss es auch anwenden. (Goethe)
- Der Mensch hat drei Wege, klug zu handeln. Erstens durch Nachdenken: das ist der edelste. Zweitens durch Nachahmen: das ist der leichteste. Drittens durch Erfahrung: das ist der bitterste. (Konfuzius)
- Ob ein Mensch klug ist, erkennt man viel besser an seinen Fragen als an seinen Antworten. (De Levis)
- Begeisterungsfähigkeit ist die bestbezahlte Eigenschaft der Welt. (Frank Bettger)
- Der Grund, weshalb viele Leute Gelegenheiten nicht wahrnehmen, ist der: Die Gelegenheiten sehen so aus, als ob sie harte Arbeit und vollen Einsatz forderten. (Emil Oesch)
- Der Anfang ist die Hälfte des Ganzen. (Aristoteles)
- Zum Erfolg gibt es keinen Lift. Man muss die Treppe benützen. (Emil Oesch)
- Wenn Du einmal Erfolg hast, kann es Zufall sein. Wenn Du zweimal Erfolg hast, kann es Glück sein. Wenn Du dreimal Erfolg hast, so ist es Fleiß und Tüchtigkeit. (Sprichwort aus der Normandie)

Zitatideen

- Ich halte das Lachen für eine der ernsthaftesten Angelegenheiten. (Raabe)
- Lächeln ist die eleganteste Art, dem Gegner die Zähne zu zeigen. (Quelle unbekannt)
- Hinfallen ist keine Schande. Nur Liegenbleiben ist verachtenswert. (Chinesisches Sprichwort)

Literaturhinweise

Coblenzer, Horst / Mulhar, Franz: Atem und Stimme, ÖBV Päd. Verlag, Wien

Ebeling, Peter: Rhetorik – Der Weg zum Erfolg, Humboldt Verlag, München

Ebeling, Peter: Rhetorik-Handbuch, Dt. Sparkassenverlag, Stuttgart

Ebeling, Peter: 1 x 1 des Telefonierens, Signum Verlag, Wien

Ebeling, Peter: Gewinne(n) mit dem Telefon, Signum Verlag, Wien

Fairhurst, Gail T.: Die Kunst, durch Sprache zu führen, Fit for Business, Regensburg/Düsseldorf/Berlin

Fey, Gudrun / Fey, Heinrich: Redetraining als Persönlichkeitsbildung, Fit for Business, Regensburg/Düsseldorf/Berlin

Fey, Gudrun: Selbstsicher reden, selbstbewusst handeln, Fit for Business, Regensburg/Düsseldorf/Berlin

Fey, Heinrich: Sicher und überzeugend präsentieren, Fit for Business, Regensburg/Düsseldorf/Berlin

Hauser, Renate: Soziale Kompetenz trainieren, Fit for Business, Regensburg/Düsseldorf/Berlin

Kirschner, Josef: Manipulieren – aber richtig, Droemer-Knaur, München

Krüger-Lorenzen, Kurt: Deutsche Redensarten, Heyne, München

Lay, Rupert: Dialektik für Manager-Methoden des erfolgreichen Angriffs und der Abwehr, Langen-Müller, München

Lay, Rupert: Führen durch das Wort, Ullstein TB, Berlin

Maro, Fred: Führungskommunikation und Präsentation, Fit for Business, Regensburg/Düsseldorf/Berlin

Literaturhinweise

Mohler, Alfred: Überzeugend reden – erfolgreich verhandeln, Langen-Müller, München

Puntsch, Eberhard: Zitaten-Handbuch, mvg-Verlag, Landsberg/Lech

Puntsch, Eberhard: Witze, Fabeln, Anekdoten, mvg-Verlag, Landsberg/Lech

Ruhleder, Rolf: Rhetorik, Kinesik, Dialektik, Rentrop Verlag, Bonn

Spachtholz, Barbara: Relax – Entspannen Sie sich, Fit for Business, Regensburg/Düsseldorf/Berlin

Textor, A. M.: Sag es treffender, Rowohlt TB Verlag, Reinbek

Textor, A. M.: Auf deutsch, Heyer, Essen

Trotha, Tilo: Reden professionell vorbereiten, Fit for Business, Regensburg/Düsseldorf/Berlin

Zielke, Wolfgang: Rhetorik programmiert lernen, moderne industrie, Landsberg/Lech

Schnell nachschlagen

Schnell nachschlagen